여유가

두려운

당신에게

∴

차례

6 추천사

8 프롤로그

일을 잘하고 싶었다

17 S사 경영혁신팀 책임도 신입이었다

25 경제적 이익을 위해 모인 사람들

33 자아실현의 장이 된 회사

40 회사 안팎의 경계가 모호해지다

인정받아도 질문은 남았다

49 답변의 속도로 관계의 깊이를 측정한다면

57 엄마 되기보다 회사

65 "해보겠습니다!"

73 일보다 가족이 먼저라고 말했지만

80 일은 열심히가 맞을까? 적당히가 맞을까?

여유로운 삶은
지루하지 않을까?

91 휴직 결심이 이렇게 힘들 줄이야

98 이번에는 진짜 쉬어 보려고요

104 비효율이 주는 행복

112 흘러가는 대로 두는 날들

119 목표보다는 지금

워라밸은
신기루였다

127 일과 행복의 상관관계

134 회사가 달라질 거란 착각

140 다정한 사람의 기본 조건

147 일과 행복 사이에서

154 모두 아니라고 해도 내가 맞다면

**불안한
내일보다
충만한 오늘**

163   더는 배달의 민족이 아닙니다

171   나만 생각하다 보면

177   어떤 물건을 소유한 사람 대신

183   스스로를 다그치지 않는 도전

190   여유를 선택한 사람의 루틴

**여유로워도
부지런하게
산다**

201   노는 시간을 챙기는 부지런함

210   자연은 늘 사랑을 돌려줍니다

217   가족을 우선하는 삶

225   이웃의 관심이 부담스러웠지만

234   다이어리는 자기평가가 아닙니다

**여유가
두려운
당신에게**

243   미루지 않는 마음

250   여행처럼 일상을 살고 싶다면

257   돈이 있어야 여유가 있다고 한다면

263   물 한 모금 비우는 삶

추천사

시간을 낭비없이 잘게 잘게 쪼개살며
우리와 닮았던 그녀가
제주에서 보내온 다정한 손편지.

불편했던 신발을 기꺼이 벗고
한껏 바람맞으며
더 생생해진 미소로

좀 앉아봐요~
바람이 참 좋아요.

옆자리를 내어준다.

> 염혜란
> (배우. 『경이로운 소문』, 『마스크걸』 등의
> 영화와 드라마에 출연했다.)

여기 복직 후 손해를 보지 않기 위해 남들 1년 꽉 채우는 육아휴직을 9개월만 신청하던 직장인이 있다. 자신에게 돈을 주는 일에 더 무겁게 책임감을 느끼며, 사랑을 주는 가족에게는 책임감을 덜어내던 '일잘러'가 있다. 집에까지 일 그림자를 달고 오던 그녀는 어느 날 자신이 일잘러가 아니라 '일중독'이라는 사실을 깨닫게 되고, 오랜 궁리와 모색 후 아이와 함께 제주 중산간으로 향한다. 퇴사와 제주 이주만으로 삶이 쉽게 바뀌진 않는다. 성취보다 여유를 욕심내는 사람이 되기 위해 그녀는 다시 애쓴다. 하지만 그 애씀은 절대 만족하지 않는 회사를 위한 것이 아니라 스스로와 가족을 위한 것이다. 아이와 함께 걸으며 햇빛을 먹은 나팔꽃을 노래하고, 자연의 미묘한 변화를 알아차리는 시간을 의무처럼 여기며, 이웃과 삶을 나누고 자신을 늘 돌아보려는 애씀이다. 그녀는 속삭인다. '여유롭게 살기 위해선 먼저 스스로에게 생각하고 고민할 여유를 허락하세요.' 이 책은 자신의 삶을 여유롭게 만드는 것에 관한 매우 솔직하고 엄청나게 치열한 고백이다.

김호연
(스토리텔러.『불편한 편의점』,『망원동 브라더스』등의 소설과 다수의 영화 시나리오를 집필했다.)

프롤로그

근속 15주년에 퇴사했다. 퇴사한다고 했을 때, 회사 동료들은 말했다.

"네가 회사를 제일 오래 다닐 줄 알았는데…."

"인정받는 모습 보면서 항상 대단하다고 생각했는데…."

"왜 갑자기? 지난주에도 업무 메신저 치열하게 주고받았잖아?"

"누구보다 회사와 일을 사랑하는 직원이라 생각했는데…."

CEO를 비롯해 전 임원과 부서장이 모여 다음 해 회사의 전략에 대해 논의하는 자리인 전사 전략회의에서 사회를 봤다. 여태까지는 행사 주관 부서장인 경영전략파트장이나 프리랜서 아나운서가 사회를 봤는데, 일개 직원이 사회를 보는 건 내가 처음이었다. 1년 중 제일 중요한 회의이자 회의 미참석자 직원들에게는 생중계되는 회의의 사회자였다. 열심히 일했고, 인정도 받았다. 그랬기에 누구도 내가 퇴사하리라 쉽게 생각하지 못했다.

그 시절 나는 버스를 타고 출퇴근했다. 꾸벅꾸벅 졸다가도 다음 정류장이 내려야 할 정류장이라는 안내 방송이 들리면 명령어가 입력된 로봇처럼 카페 앱을 열어 미리 커피를 주문했다. 내게 딱 달라붙어 떨어질 생각이 없는 피곤의 위력을 조금이나마 약화시키기 위해 커피는 필수였다. 버스에서 내려 나를 기다리고 있는 커피를 들고 사무실로 가는 동선은 물 흐르듯 자연스러웠다. 잠시의 머뭇거림도 없었다.

커피를 주문하고 기다리는 시간도 아껴서 일하는 데 사용했다. 효율적으로 일하고 정시에 퇴근해서 퇴근 후 생활을 즐기겠다는 계획이 아니었다. 언제 퇴근해야겠다는 경계선 없이 일에 완벽을 추구하는 것에만 몰두했다. 완벽할 수 없는 일에서 완벽을 찾으니 늘 '더'라는 굴레에 갇혔다. 더 고민해서, 더 꼼꼼하게 파악해서, 더 체계적으로 분석해서, 더 나은 아이디어를 도출해서, 결국 더 잘하고 말겠다는 의지만 커졌다.

더 나은 성과를 위해 노력하는 삶은 치열했다. 내게 주어진 시간을 낭비 없이 알차게 채우며 스스로가 대견했다. 동시에 동료들에게도 인정받으니 뿌듯했다. 하지만 만족하지는 못했다. 시간을 낭비 없이 쓴다는 판단은 주관적이기에 내가 나를 너무 관대하게 바라보는 건 아닌지 채근했고, 인정 역시 손에 잡히지 않기에 언제 사라질지 몰라 전전긍긍했다. '더'라는 굴레는 점점 더 나를 옥죄며 검열 기준만 높였다. 좀처럼 나아지지 않는 감기, 사라졌다 나타나기를 반복하는 입술의 물집은 내게 무리하고 있다는 신호를 보냈지만 외면했다. 성공을 위한 성장통이고 노력을 드러내는 훈장이라 여겼다.

일중독이라고 해도 반박할 말이 없었던 내가 지금은 산책에 중독됐다. 아이를 학교에 보내고 나면 자연스레 산책한다. 산책 코스는 계절마다 다른데 처서가 막 지난 요즘은 진분홍 꽃 잔뜩 핀 배롱나무 사이를 걷는다. 최단 거리, 물 흐르듯 매끄럽게 연결되는 동선은 고려 대상이 아니다. 왔던 길을 거슬러 돌아 걷는 일도 잦다. 시간 낭비 없이 착착 전개되는 일상보다 내 눈에 담는 아름다움과 내 마음의 두근거림을 따른다. 덕지덕지 달라붙은 피곤을 떼어 놓기 위한 커피도 필요치 않다. 각성제는 이제 커피가 아닌 자연이다. 피부를 간질이는 바람, 코끝을 건드리는 향기, 귀를 흔드는 새소리, 발바닥을 자극하는 돌길과 흙길, 눈에 담아도 담아도 또 담고 싶은 나무, 꽃, 하늘, 구름. 저절로 걷는 속도는 느려지고 몸과 마음은 활짝 열린다.

퇴사하니 달라진 아침 풍경이다. 퇴사했으니 시간이 많아져 산책을 즐기게 된 것은 아니다. 내가 삶에서 우선하고 싶은 가치를 지켜가는 방식 중 하나가 산책이라서 그렇다. 돈보다 시간을 귀하게 여기고, 효율보다 여유를 중시하며, 내일의 나보다 오늘의 나를 살피고, 내일의 성공보다 오늘의 행복을 소중히 하는 삶을 택한 결과다. 지금의 우선순위를 단단히 지키고 싶어 익숙했던 서울과 결별하고 제주의 새로운 환경에 나를 놓아두는 선택도 했다.

산책하고 난 뒤에는 노트북을 연다. 퇴사했지만, 회사원에서 작가로 전직한 것이기에 책을 읽고 자료를 찾고 글을 쓴다. 회사에서는 일을 잘하고 싶었듯 작가로는 글을 잘 쓰고 싶기에 여전히 '더'라는 굴레는 나를 휘감는다. 더 고민해서, 더 강렬한 인사이트로, 더 매끄러운 표현으로, 더 마음에 닿는 진솔함으로, 결국 더 잘 쓰겠다는 의지가 커진다. 하지만 회사원의 '더'와 지금의 '더'는 결이 다르다. 회사원의 '더'는 한계 없이 계속 높아지기만 했다면, 지금의 '더'는 무리하지 않는 적정선을 가진다. 느긋한 속도를 즐기게 됐더니 무리하지 않는 법을 알게 됐다. 게다가 이제는 완벽해지려고 하지 않는다. '완벽'은 불가능한 목표로, 이룰 수 없는 목표를 향해 나를 닦달하는 도구일 뿐임을 알았기에 무모한 욕심을 버렸다.

매일 아침 커피 사는 시간도 아끼려 애쓰던 사람이 어떻게 달팽이가 친구 하자고 할 정도로 느긋한 산책을 즐기게 됐을까. '여유'가 삶에 자리하면서부터였다. 여유를 나태와 게으름으로 생각했던 사람이 여유를 우선하며 살게 된 과정을 이 책에 담았다. 삶의 속도가 180도 달라지는 이야기다.

"얼굴 좋아졌다."

얼마 전 오랜만에 만난 친구의 인사였다.

"살쪘다는 말이지?"

"아니, 얼굴빛이 맑고 환해졌어. 편안해 보여."

뜨거운 여름을 지나며 제주 햇살에 까맣게 그을린 내게 하는 말이 맞나 싶었지만, 친구는 진지했다. 여유로워 보인다고 했다. 내가 책을 쓰고 있는 건 알았지만, '여유'에 대한 책을 쓰는 줄은 몰랐던 친구의 입에서 나온 말에 심박수가 빨라졌다. 이십 년을 넘게 알고 지낸 친구가 내게서 여유를 발견했다니!

"네가 편해 보이는데 왜 내가 위로되냐?"

친구의 말에서 이 책을 마무리해도 되겠다는 결심이 섰다. 내가 여유를 선택하고 편안해진 이야기를 읽고 당신도 내 친구처럼 위로받으면 좋겠다. 여유가 두렵지 않기를, 여유를 향해 한 발 더 내디뎌 행복에 가까워지기를 바란다.

○

미래의 행복을 위해

지금의 행복을 미루지 않는 삶

일을 잘하고 싶었다

Q

성공하기 위해
오늘 인내하면 내일 행복해질까?

S사 경영혁신팀 책임도
신입이었다

 직장인이 되면 시험 없는 삶을 맞이할 줄 알았다. 내 점수는 얼마인지, 내 등수는 몇 등인지, 평균보다 위인지 아래인지 숫자로 매겨지는 삶에서 벗어날 줄 알았다. 대단한 착각이었다. 학생 때보다 더 무시무시한 성적표가 나를 기다렸다. 매일 아침 '전일 실적 순위' 메일이 도착했다.

 많은 구직자가 선호하는 대기업, 그중에서도 'S 화재'에 입사한 나의 첫 직무는 손해사정이었다. 회사를 대변해 고객과 사고에 따른 손해 정도와 보험금을 협의해야 했다.

 "고객님, 위자료는 약관에 정해진 기준대로 말씀드린 거고요. 과실 비율도 법원 판결을 반영해서 정해진 겁니다."

"젊어도 너무 젊다 했더니 세상 물정을 전혀 모르네요. 내 친구도 얼마 전에 사고가 나서 내가 합의했던 과정을 다 들었거든요. 이 합의금은 터무니없네요. 약관이나 법도 다 해석 나름 아닌가요? 융통성이 이렇게 없다니…."

고객이 말하는 '해석'에 대해 감을 잡지 못한 나는 고객 설득에 지지부진했고, 그 결과 나의 실적 순위는 매번 하위권이었다. 매일 아침 메일에서 '성과 부진자'라며 내 이름에 칠해진 노란 형광을 볼 때마다 회사에 불필요한 사람인듯해 숨고 싶었다.

학창 시절 성적은 내 것이기만 했다. 내가 앞서면 친구가 뒤처지고, 내가 뒤처지면 친구가 앞서며 경쟁했다. 치열한 경쟁이지만 성적은 오롯이 내 책임이었다. 내 성적 때문에 친구들이 혼나는 일은 없었다. 직장인의 성적은 달랐다. 내 실적이 곧 부서 실적이다. 직장에서 나는 개인이기보다는 조직 구성원으로 존재한다. 내가 못 하면 혼자 질책받는 것에서 그치지 않고 부서가 함께 질책받는다. 손해사정 조직은 담당 지역에 따라 나뉘었는데, 내가 속한 서부보상은 수도권에서는 1등이었지만 부서를 4개로 쪼갰을 때 우리 팀은 꼴등이었다. 수도권이 아닌 전국 1등을 못 하는 이유가 우리 팀에 있다는데, 콕 찍어 말하지 않아도 내 탓이라 짐작됐다.

실적은 곧 고과로 연결됐고, 고과 역시 개인보다 부서 실적을 우선했다. 전국 1등의 고과를 받을 수 있는 선배들이 나 때문에 한 단계 낮은 고과를 받게 되는 건 아닌가 초조했다. 무엇보다 고과는 연봉과 직결되기에 내가 못하면 선배들의 연봉까지 깎아 먹는 셈이 됐다. 실적에 초연해지는 건 불가능했다. 눈치가 보여 사무실을 떠날 수가 없었다.

협상력은 없어도 근면성은 갖췄다며 선배들보다 더 오래 앉아 있으려 했다. 공식적인 업무시간은 한참 전에 끝났지만 마음의 무게를 더한 엉덩이로 꿋꿋하게 버텼다. 회식도 업무의 연장이라는 선배들의 말을 철석같이 따르며 빠짐없이 참석해 마지막까지 자리를 지켰다.

일에 서툰 신입사원은 어깨가 자주 축 처졌다. 그때마다 수습 기간을 끝내고 정규직원으로 임명되던 날 CEO가 말했던 '신입사원은 태도가 중요하다'를 기억했다. 긍정적인 태도를 유지하려 애썼다. 팀장님이 이거 언제 다 처리할 거냐며 미결 서류를 던져도, 성과 부진자 경고 메일을 받아도, 고객이 내게 쌍시옷 섞인 욕을 대차게 쏘아도, 매일 늦은 퇴근에 코피를 쏟아도 선배들 앞에서는 웃었다. 실적 나쁜 천

덕꾸러기 막내가 아니라 주눅 들지 않는 씩씩한 태도로 내일이 기대되는 막내가 되고 싶었다. 꼴등인 팀 분위기를 우울하게 만들기보다는 꼴등이어도 유쾌한 팀을 위해 밝은 에너지를 보태고 싶었다.

고과 발표를 앞두고 팀장님이 내게 고급 일식집에서 단둘이 저녁을 먹자고 했다. 반기를 잘 마친 신입사원을 향한 핑크빛 격려를 기대했다.

"민주임, 하반기 고생 많았어. 아직 신입사원이라 하위권이 당연할 수도 있는데 실적은 실적이니까. 앞으로 기회가 많기도 하고. 그래서 이번에는 고과를 C 줄 수밖에 없었어. 미안해."

학교가 성적에 따라 A부터 D까지 학점을 매기듯 회사는 실적에 따라 A부터 C까지 고과를 매겼다. 학교와 다른 점이 있다면 A, B, C+, C의 네 등급만 있는 것인데, A, B는 상위 고과로 연봉이 상승했고, C+는 평고과로 연봉 동결, C는 하위 고과로 연봉이 삭감됐다. 팀에서 누군가 하위 고과를 받아야 한다면 실적 하위권인 내가 돼야 하는 것이 맞았다. 첫 고과를 받는 신입사원이 하위 고과가 가지고 올 후폭풍을 알 리 없기에 당연한 결과라며 수긍했다. 하지만 이 이야기를 들은 선배들의 반응은 달랐다. 표정을 굳힌 채 면박을 줬다.

"야, 너 이제 이 일 한 지 반년이야. 아직 서툰 게 당연한데 C는 아니지."

"그렇다고 네가 네 몫을 안 한 건 아니잖아. 건당 지표가 나쁘긴 하지만 처리 건수는 우리랑 비슷하잖아. 선배들한테 일을 떠넘긴 것도 아니고."

"너 지금 C 받으면 선임 제때 못 달아."

"맞아. 그리고 우리 부서 수도권 1등이잖아. 그러면 부서에 아예 C가 없어야 하는 거 아니야? 부서 평가 가중치가 더 높잖아."

선배들과 팀장님은 나를 빼놓고 회의실을 오갔다. 회의실을 나서는 무거운 침묵 위로 열기가 피었고, 그 열기는 나를 향했다. 나는 영문도 모른 채 파티션 너머로 고개만 들었다 내렸다 할 뿐이었다. 퇴근 직전, 팀장님이 나를 회의실로 불렀다.

"민주임, 협의가 잘 돼서 C 고과 대신 C+를 주기로 했어. 노 선임한테 고맙다고 하고."

팀장님께 도깨비방망이라도 생긴 건가. C가 C+가 되다니! 노 선배한테는 왜? 의혹, 기쁨, 당혹, 안도, 의아. 여러 감정이 요동쳤다. 회의실을 나서니 모든 선배의 눈이 내게로 모였다. 당혹스러움이 제일 앞섰지만 초조해 보이는 선배들을 위해 기쁨을 앞으로 당겨왔다. 내가 싱긋 웃자 선배들의 굳은 표정이 풀렸다.

"됐다 됐어! 노 선임이 A 고과 반납한다고 했거든. 노 선임은 B, 너는 C+로 조정해 달라고."

노 선배는 매번 A 고과를 받은, 전국 5등 안에 드는 Top 중의 Top이었다. 그런데 B를 받다니. 그것도 나를 위해! 미안했고 의아했다. B 고과 한 번은 괜찮다는데, 고과 부자라 넉넉한 곳간에서 인심 난 것인가. 내가 하위 고과를 받지 않게 됐음을 축하하자며 마련된 회식에서 노 선배에게 물었다.

"선배님, 제가 뭐가 이뻐서 고과를 양보하셨어요?"

"네가 꾀를 부렸니, 못하겠다고 징징댔니. 그렇게 웃으며 버티기도 쉽지 않다. 게다가 우리 팀 분위기 좋은 게 다 네 덕 아니냐. 너 힘으로도 충분히 받을 수 있는 고과인데 운이 좀 나빴던 거야."

나를 믿어준 선배들이 실망하는 모습을 보고 싶지 않았다. 다음번에는 운까지 내 편으로 만들어 온전히 내 힘으로 C+ 고과를 받겠다는 목표가 생겼다. '전일 실적 순위' 메일에서 노란 형광으로 칠해진 이름과 그 앞에 써진 빨간색 등수만 확인하던 시간을 길게 늘였다. 평균 합의금, 평균 처리 일수 등 실적을 구성하는 10개의 지표를 하나하나 뜯어 봤다. 무턱대고 열심히만 하는 것이 아니라 어떻게 열심히 할지를 고민했다.

  10개 다 단번에 잘할 수는 없기에 장점부터 살리기로 했다. 10개의 지표 중 제일 잘하고 있는 CS지표에 집중했다. 선배들의 전화 통화부터 엿들었다. 선배들의 장점을 흡수하며 나만의 화법을 연구한 결과, 다음 반기 최종 실적표에서 CS 항목만큼은 전국 3위에 올랐다. CS는 비중이 낮은 지표였기에 획기적으로 종합 실적을 올릴 수는 없었지만 C를 받는 하위권에서는 벗어났다. 내 바람대로 내 힘으로 C+ 고과를 받았다. 왜 실적이 이 모양이냐는 부장님의 타박은 CS처럼 노력하면 다른 지표도 오를 거라는 격려로 바뀌었다.

  CS 실적을 올리며 경험한 성취는 나를 적극적으로 바꿨다. 밝은 에너지에 '반드시 해내고 만다.'라는 패기를 더했다. 세상 물정 모른다는 고객들의 말에 "고객님, 저는 비슷한 사고 처리를 여러 번 진행했고 유사 사고 사례도 많이 찾아봤습니다."라며 강단 있게 내 의견을 말했다. 단번에 협상력이 일취월장하지는 않았지만 고객에게 마냥 끌려다니지는 않게 됐다.

  시작은 태도였다. 나약한 신입사원 말고 씩씩하고 밝은 신입사원은 선배들의 신뢰를 끌어냈다. '신입사원이니 하위 고과를 받을 수 있지.', '신입사원이라도 실적이 나쁜 건 제 몫이지.'가 아니라 '나름 애쓰는데 그냥 두면 안 되지.', '부서 활력에는 도움이 됐지.'라며 선배들은 신입사원 구하기를 연출했고 결국 신입사원 성장기로 이어졌다. 노란 형광과 빨간색의 경고가 끊이지 않던 신입사원은 좋은 태도로 얻은 선배들의 신뢰 덕분에 경고를 지우고 성장곡선을 갖게 됐다.

경제적 이익을 위해 모인 사람들

 조직은 성과를 더 잘 내는 방향으로 움직인다. 조직 구성원 배치도 개인의 경력관리나 바람보다는 조직의 성과가 우선한다. 게다가 조직은 인내심도 짧다. 실적 점검도 매일로 모자라 매시간 할 때도 있었다. 성미 급한 조직은 하위권을 막 벗어난 신입사원을 기다려 주지 않았다.

 "부서를 옮겨보면 어때? 지역에 따라 분위기가 달라서 지역을 바꾸면 실적도 더 나아질 거야."

 통보에 가까운 수석님의 질문에 인사발령을 예상했다. 손해사정 직무는 담당 지역에 따라 부서를 나누고 있어 다른 지역을 담당하는 다른 부서로 이동을 각오했다. 하지만 전혀 다른 언더라이팅_{보험사가 보험 가입 희망자의 계약 승인 여부를 결정하는 최종 의사결정 과정. 즉 보험자가 위험, 피보험 목적, 조건, 보험료율 등을 종합적으로 판단하여 계약의 인수를 결정하는 일} 직무로의 발령이었다.

다른 직무로의 발령은 잦은 일이 아니다. 성과를 내야 할 시기에 교육부터 다시 받아야 하니 자원 낭비라는 인식이 강하다. 인사발령이 공지되자 컴퓨터가 쉴 틈 없이 깜빡거렸다. 메신저창이 동시다발로 나타났다.

ooo

뭔데 뭐야? 발령 미리 알고 있었어?

갑자기 왜? 직무는 왜 바꿔?

사고 쳤냐? 직무가 바뀌게?

왜? 못 하겠다고 인사 면담했어? 설마 퇴사한다고 했어?

CS 역량이 중요한 직무라며 나와 적합한 부서로 이동이라던 부장님 말을 믿은 내가 순진했다. 빗발치는 메신저 창을 하나씩 확인할수록 나는 딱딱하게 굳었다. 내 발령은 부장님 말과는 달리 결코 좋은 의미가 아니었다. 손해사정을 못 해서 손해사정에서 내쳐진 것과 같았다.

이제 조금 나아졌는데 직무를 바꾸고 싶겠냐고 메신저 창에 답을 쓰며 한숨을 쉬고, 사고 칠 배짱도 없다고 쓰며 인상을 쓰고, 못 하겠다는 말은 입도 뻥긋 안 했다고 쓰고는 엔터키를 부서지라 내리쳤다. 바닥까지 내려간 자존심은 새 직무에서 반드시 성공하고 말겠다는 오기가 됐다. 단지 첫 번째 직무는 내 적성과 맞지 않아 성과가 나지 않았을 뿐, 맞는 직무에 데려다 놓으면 탁월한 성과를 내는 직원임을 증명하고 싶었다.

OJT_{직장 내 훈련} 기간이 끝나고 이전 팀원들과 술자리를 가졌다. 화두는 당연히 나의 새 직무.

"어때? 할 만해?"

"저한테 더 잘 맞는 것 같아요. 설계사들한테 계약 인수 조건을 설명하는 건 CS랑 비슷하고, 외근이 없어서 편하기도 하고, 판단 기준이 명확한 것도 좋고요. 여기서는 잘해야죠. 선배들 걱정도 덜 시키고."

"다행이네."

새로운 환경에 적응하느라 쌓인 긴장이 단번에 풀어지며 말이 쏟아졌다. 이 말 저 말 두서없이 꺼냈지만 하고 싶은 말은 하나, '내게 더 잘 맞는 직무를 맡았으니 이제 뛰어난 실적을 보이겠다.'라는 다짐이었다. 하지만 두서없음이 문제였을까. 선배들에게 남은 말은 달랐다. '더 잘 맞는 직무'가 아니라, '외근이 없어서'라는 앞말을 떼버린 채 '더 편한 직무'라는 말만 기억했다. '편하다.'라는 말은 술자리를 벗어나 여러 입을 타고 새 부서원들에게까지 날아갔다.

화장실에 들어서자 모여있던 사람들이 흩어졌다. 탕비실을 향하는데 영문 모를 말이 등 뒤에서 웅웅거렸다. 출력물을 가지러 가는데 날카로운 시선이 나를 찔렀다. 무사히 연착륙 중이라고 생각했는데 다시 불안정한 대기 속으로 빨려 들어갔다. 갑자기 달라진 동료들의 반응에 내가 뭘 잘못했나 흘러간 시간을 곱씹었지만 뚜렷하게 떠오르는 것이 없었다. 아직 내가 1인분의 역할을 하지 못해 그만큼 동료들에게 일이 몰려 그런가 애먼 짐작을 할 뿐이었다.

얼마 뒤 부서원 전체가 모인 회식 자리에서 책임님이 부리부리한 눈으로 나를 응시하다 서늘하게 말했다.

"민주임, 말 좀 가려서 하자."

나는 새 부서에서 역적이 되어 있었다. 둘 다 경험해 본 내가 현 직무가 '편하다.'라고 인정했다는 것. 소문은 부풀어 현 직무가 편하게 돈 버는 '꿀보직'으로 알려졌고, 부서 사람들이 이를 좋아할 리 없었다.

의미가 와전되었다고 항변했지만, 내가 하는 말은 모두 변

명이 되어 증발했다. 벌게진 얼굴로 당황하던 내 표정만이 사람들 입을 떠돌았다. 전 직무에서 쫓겨난 주제에 뭐라도 되는 것처럼 행동하는 거만한 사람, 현 직무를 한 지 얼마나 됐다고 다 안다는 식으로 이야기하는 건방진 사람이 됐다.

대체 어디서부터 잘못됐을까. 되짚어 보니 소문은 이전 팀 선배들에게서 출발했다. 그냥 선배가 아닌 내 고과를 C에서 C+로 구해준 너무도 믿고 따르는 선배들이었다. 내가 '외근이 없어서'라는 말을 하지 않고 그냥 '편하다.'라고만 말해도 '적성에 맞다.'로 해석할 선배들이라 생각했는데, 왜 '더 잘 맞는 직무'를 두고 '더 편한 직무'라는 말을 골라 퍼뜨렸는지 이해되지 않았다. 믿었기에 느낀 대로 술술 말했을 뿐인데 뭐가 문제였을까. 선배들과 나 사이에 쌓인 신뢰를 가족이나 친구 사이의 신뢰와 동등하게 여긴 것이 오판이었다. 일이라는 조건이 명확한 동료 사이의 신뢰일 뿐이었다.

동료 사이에 일을 말하며 '편하다.'라는 표현을 써서는 안 됐다. 성과를 경쟁하는 회사에서는 누구나 자신이 하는 일이 제일 힘들다고 생각한다. 노고를 더 인정받기를 원한다. 노고를 인정받고 싶은 마음은 "내가 더 고생했지."라며 고생을 전시하게 한다. 고생 우위에 서기를 바라는 것이다. 상대적으로 고생 우위에 있고 싶은 마음을 놓쳤다. 전 직무를 고생 우위,

현 직무를 고생 열위에 놓아 일으킨 갈등은 결국 나의 미성숙한 태도였다. 회사 내의 의사소통임을 망각하고 가족이나 친구에게 하듯 필터링 없이 쏟아낸 말이 문제를 일으켰다.

그 후로 눈치 보며 말을 가리고 몸을 한껏 사리는데도 뒤로 들려온 소리는 "옮기고 나서 이제는 좀 살만한지 생글생글 웃고 다니더라."였다. 오히려 전 직무에서 더 많이 웃고 다녔는데 무슨 소리인지. 역적이 됐음을 알았을 때보다 뒤통수가 더 얼얼했다. 이미 나를 미워하기로 작정한 사람들에게는 어떤 노력도 고까워 보임을 깨달았다. 어차피 여기는 회사. 마음을 나누기 위해 모인 사람들이 아니라 경제적 이익을 추구하기 위해 모인 사람들이다. 나를 미워하는 사람들의 마음을 돌리려 애쓰기보다 나도 내 이익을 위해 움직이자고 마음먹었다.

회사 사람들과 맺는 관계는 가족도 친구도 아닌 동료임을 명확히 했다. 함께 일하는 사람이라는 사전적 정의를 되새겼다. 일로 맺어졌기에 일이 바뀌자 불편한 호기심의 대상이 됐고, 일을 비교하자 불쾌한 오해를 받았다. 그럼 나도 불편하고 불쾌한 감정에 의미를 두지 않고 일에만 몰두하면 됐다. 오해 푸는 방법을 찾느라 고심하느니 일 잘하는 방법을 찾는데 에너지를 집중해야 했다. 하지만 자꾸 나를 싫어하는 사람들에게 신경이 쏠리자 '미움받아도 괜찮아, 차라리 미움받고 말지.'라는 주문을 외웠다. 뾰족한 시선, 불퉁한 말에 일희일비하지 않으려 미움받을 용기를 냈다.

지금껏 가족이나 친한 사람들로 둘러싸였던 삶에서 동료는 새로운 형태의 관계였다. 두터운 정을 나누기보다 일의 성과를 나누기에 그렇다. 형태가 다른 만큼 나도 변해야 했다. 있는 그대로의 나보다 회사에 어울리는 자아가 필요했다. 내 생각과 감정을 말갛게 드러내는 대신 회사에서 통용되는 정도만 제한적으로 보여주는 것이 바람직했다.

∘∘∘

일은 할 만해?

어때? 잘하고 있어?

전 직무랑 비교하니 어때?

여전히 메시지가 왔다. 소문을 듣고 하는 질문인지 아닌지는 이제 중요하지 않았다. 일로 맺어진 관계임을 기억하며 넋두리나 하소연을 버리고 동료로서 간결한 대화를 나누면 됐다.

ㅇㅇㅇ

어떤 일이든 다 힘들죠.

잘하려고 노력하고 있어요.

전 직무는 저래서 힘들고, 지금은 이래서 힘들어요.

솔직하게 술술 말하지 않고 적당한 말을 골라 답했더니 가시방석을 견딜 일도, 뒤통수가 얼얼할 일도 없었다. 미움받을 용기를 냈지만 미움을 느낄 겨를도 없었다. 미워해도 괜찮다며 내가 사람들의 반응에 덤덤하게 나오니 사람들도 나를 두고 숙덕이던 것을 멈췄다. 내가 일에 몰두하니 사람들도 내 말보다는 내 일에 더 관심을 가졌다. 생각보다 극복은 쉬웠다. 현 직무에서 뛰어난 실적을 내겠다는 다짐을 지키기 위해 감정 소모를 줄이고 일에 몰두할 에너지를 키우는 법을 찾았다. '회사 = 일'이라는 단순한 공식을 세웠다.

자아실현의 장이 된 회사

 취준생의 바람은 입사, 그 바람을 이뤄 회사원이 되면 다시 퇴준생퇴직 준비생이 된다는 말이 있다. 통계청이 2023년 9월에 발표한 조사 결과에 따르면 청년층 10명 중 7명은 1년여 만에 첫 직장을 퇴사한다고 했다. 치열한 취업난을 뚫고 입사한 회사를 왜 이렇게 빨리 그만두는 걸까? 열악한 근무 환경과 개인의 낮은 성장 가능성이 퇴사의 주요 이유였다.

 나 역시 회사원이 되고 자주 퇴사를 떠올렸다. 첫 번째 손해사정 직무도 두 번째 언더라이팅 직무도 재밌지 않은 탓이었다. 게다가 업무 강도는 어찌나 높은지 야근하지 않은 날을 세는 것이 훨씬 더 빠를 만큼 야근도 잦았다. 어떤 일을 좋아하는지에 대한 고민 없이 조건만 맞으면 원서를 내고 취직한 나를 탓하기도 했고, 일에서 재미를 기대하는 것 자체가 잘못이라 생각하며 견뎠지만 쉽지 않았다.

그룹 신입사원 입문 교육 지도 선배로 선발됐다. 신입사원들이 계열사 배치를 받기 전 그룹의 역사와 문화 등을 익히는 합숙 교육에서 진행 보조자의 역할이었다. 한 차수에는 이백 명의 신입사원이 배정됐는데, 차수별 열 명의 지도 선배가 한 명의 주진행과 함께 교육을 운영했다.

지도 선배들은 매일 아침이면 전날 신입사원들이 쓴 수련기를 읽고 코멘트를 남겼다. 한 사람 앞에 스무 권의 수련기가 쌓였다. 대부분 한두 줄을 남기는 것과 달리 나는 반 페이지는 기본으로 채웠다. 귀찮다는 선배들 사이에서 홀로 수련기 검사가 재밌었다. 수련기에는 매일의 교육 내용과 소감이 적혀 있었는데, 얼마나 교육을 잘 들었는지는 중요하지 않았다. 나도 신입사원 때는 좌충우돌했었다는 고백을 쓰고, 내가 발견한 신입사원의 장점을 전했다. 짝사랑 고백 같던 일방적인 코멘트는 점점 쌍방향이 됐다. 신입사원들도 뻔한 소감 대신 걱정을 남기고 두려움을 드러냈다. 학자금 대출도 갚아야 하는데 가장 역할까지 해야 하는 부담, 연애의 어려움, 대학원 진학에 대한 미련 등 깊은 이야기가 오갔다. 나를 멘토라 칭하는 신입사원들을 보며 회사에서 내가 필요한 존재로 여겨졌다.

내가 담당한 팀이 초반 몇 개 프로그램에서 연거푸 꼴찌를 했다. 팀 성적도 성적이지만 팀이 하나로 뭉치지 못하는 모습에 신경이 쓰였다. 팀장을 통해 고충을 듣고 겉도는 팀원들의 마음을 다독였다. 지도 선배는 지켜보기만 해도 되는 실외 액티비티 프로그램에 참여했다. 가슴 높이 정도의 발판 위에 직접 등을 보이고 섰다. 발판 아래 양팔을 모으고 기다리는 신입사원들을 향해 뒤로 넘어지는 게임이었다. 겁이 많아 다리를 후들후들 떨면서도 "너희들을 믿어. 우리 팀이 최고야!"라고 외치며 넘어졌다. 며칠 뒤 팀원들은 산행 프로그램에서 지친 동료를 부축하고 오는 투혼을 발휘하며 일등을 했다. 일등보다 나를 향해 몰려와 얼싸안고 하나 된 순간이 더 벅찼다. 나로 인해 성장하는 신입사원들을 보면서 처음으로 일이 재밌다는 걸 느꼈다. 드디어 나를 흥분시키는 일을 만났다.

지도 선배로 양성되는 과정부터 지도 선배 역할을 수행하고 마무리하는 과정까지 두 달이 쏜살같이 흘렀다. 더는 이 일을 할 수 없음이 아쉬웠다. 교육업무를 계속하고 싶다고 손

번쩍 들어도 회사가 내게 이 일을 맡길 리 없었다. 될지 안 될지 모르지만 뭐라도 준비해 내 역량을 증명해야 했다.

내가 찾은 답은 대학원 진학이었다. 교육대학원에 진학하면 교육업무를 하고 싶다는 의지를 간접적으로 드러낼 테고, 이론을 채우면 실전에 투입됐을 때 더 빨리 성과를 낼 테니 준비된 인재가 되고자 했다. 회사를 그만두고 다시 학생 신분으로 돌아가겠다는 뜻은 아니었다. 주말과 야간에 수업이 있는 교육대학원의 '기업교육전공'을 택해 일과 학업을 병행하고자 했다.

평일 야간 수업은 6시 20분에 시작됐다. 퇴근 후 바로 수업을 들으려면 촘촘한 전략이 필요했다. 출근하자마자 오늘 반드시 끝내야 하는 업무를 파악한 후 타임테이블을 짰다. 퇴근 시간은 변경 불가 오후 6시. 점심시간을 반납하면서까지 시간을 쪼갰다. 뛰어서 지하철을 타고 뛰어서 강의실에 가야 했다. 내가 우사인 볼트의 능력을 갖춘다고 가정하고 갖은 전략을 시뮬레이션해도 강의실에는 6시 30분에 도착했다. 아무리 서둘러도 최소 10분은 지각이었다. 점심도 제대로 못 먹고 저녁은 아예 먹을 생각조차 안 했는데 매번 지각이라니. 부장님께 대학원 진학을 밝히며 '10분 이른 퇴근'을 말했다.

"아침에 일찍 와서 업무 빨리 시작하잖아. 학교 가는 날은 10분 일찍 퇴근해. 부서원들이 특혜라고 생각하지 않게끔 업무 빠짐없이 잘 챙기고."

부장님 산은 쉽게 넘었는데 부서원 산이 쉽지 않았다. 응원의 시선보다는 유난하다는 시선이 많았다. 뾰족한 시선을 뭉툭하게 만들기 위해 학교에 가지 않는 화요일, 목요일, 금요일은 야근 계획을 세웠다. 야근도 그냥 야근이 아니고 부서에서 제일 마지막에 퇴근하는 야근으로. 일찍 퇴근하는 그 20분이 문젯거리가 되지 않도록 몇 배의 시간을 쏟기로 했다.

걷기는 사치였다. 매일 뛰어야 했다. 월요일과 수요일 '10분 이른 퇴근'을 허락받았지만, 쉽지 않았다. 야근이 잦아 정시 퇴근도 쉽지 않은 상황에서 10분 전은 더 어려웠다. 미리 시간 계획을 세워놓고 일해도 급하게 들어오는 요청을 무시할 배짱은 없었다. 이미 지각이니 걸어갈까도 싶었지만, 수업을 하나라도 놓치기 싫어 뛰어야 했다. 수업이 없는 날도 뛰어야 했다. 마지막 지하철을 놓치지 않기 위해서였다. 대학원이 문제가 되지 않도록 이 일 저 일 "제가 맡겠습니다!" 자원하다 보니 늘 막차 시간이 임박해 퇴근해야 했다. 아침이라고 다를까. 퇴근하고 집에 가서 숙제해야 하는 학생은 매번 늦잠이었고, 매번 뛰어야 했다.

점심도 커피도 휴식도 사치였다. 수업이 있는 날에는 일하느라 점심시간을 혼자 보냈고, 수업이 없는 날에는 공부하느라 점심시간을 혼자 보냈다. 동료들이 커피 한잔 마시자고 해도 그 시간을 낼 짬이 없었다. 몰아쳐 일했고, 틈나면 책을 봤다. 지하철에서도 손에는 책과 펜이 들려 있었다. 토요일에는 수업이 있으니 학교에 갔고, 일요일에는 과제를 해야 하니 학교에 갔다. 당연하던 주말 늦잠은 자취를 감췄다. 재밌는 일을 즐기며 하고 싶다는 의지는 지금의 악착이 당연하다 했다. 여유 없이 빡빡하게 돌아가는 일상은 하고 싶은 일로 성공하겠다는 결심의 실천이었다.

회식을 마치고 집에 가는 길, 일부러 택시 대신 지하철을 탔다. 택시에서는 잠을 피할 수 없으리란 예감 때문이었다. 지하철에 서서 다음 날 수업 자료를 읽었다. 술기운에 졸음이 밀려왔지만 거칠게 고개를 휘저으며 잠을 쫓았다. 누군가 가방을 흔들었다. 앞에 앉아 있는 사람이었다. 그가 가리킨 손끝에는 졸다가 떨어뜨린 수업 자료가 있었다. 자료를 집어 들며 이렇게까지 살아야 하나 싶었지만 다시 한번 고개를 흔들었다. 이런 시간이 모여 나를 내가 하고 싶은 일로 인도할 테니까.

나의 노력은 헛되지 않아 대학원 3학기가 끝나갈 무렵 직무 공모를 통해 인사발령을 받았다. 전사 업무 프로세스 혁신을 주도하고 혁신문화 확산을 이끄는 회사의 핵심 부서, '경영혁신파트'에서 학습공동체 제도를 기획하고, 관리하는 업무였다.

비싼 등록금이 아깝지 않았다. 피곤함에 찌들어 다크서클과 뾰루지를 달고 사는 피부도 괜찮았다. 매번 끼니를 제때 챙기지 못해 쓰린 속도 괜찮았다. 매일 뛰어다니느라 어쩐지 더 굵어진 듯한 종아리도 괜찮았다. 드디어 회사가 돈벌이 수단을 넘어 자아실현의 장이 됐으니까. 조건만 맞으면 지원해 회사원이 된 나는 이제 재밌고 좋아서 하고 싶던 일을 직접 쟁취한 회사원이 됐다. 퇴준생은 이제 나와는 관계없는 말이 됐고 새롭게 맡은 일에서 일잘러가 되겠다는 설렘이 나를 가득 채웠다.

회사 안팎의 경계가
모호해지다

 좋아하는 일과 잘하는 일 중 어떤 일을 선택해야 할까? 이 질문에 답은 없지만, 좋아하는 일은 지속하는 힘을 키워 잘하게 될 가능성이 높다. 좋아하니 더 애쓰게 되고 더 견디게 된다. 게다가 잘하게 될 기대와는 별개로, 잘하는 일이 결과 지향이라면 좋아하는 일은 과정 지향이기에 좋아하는 일을 하는 것이 더 오래 행복할 수 있다.

 "안녕하세요, 경영혁신파트 민선정 선임입니다."

 전화를 받으며 좋아하는 일을 하게 된 나를 밝혔다. 목소리 톤은 평소보다 높았고 수화기를 잡은 손끝은 간질거렸다. 하지만 전화기 건너편에서 낯선 목소리가 넘어오자 발음은 뭉개지고 심박수가 빨라졌다.

"아무것도 건들지 않았거든요. 그런데 어제는 커뮤니티에서 검색해서 게시글을 따로 모으는 게 가능했는데 지금은 안 돼서요. 왜 그럴까요?"

"어…. 커뮤니티 이름 좀 알려주세요."

전사 학습공동체 관리자로 학습공동체 운영 툴인 인트라넷 커뮤니티의 문제는 당연히 내게 물어야 했다. 하지만 나는 바로 대답하지 못했다. 귀신의 장난이 아니라면 아무것도 건들지 않았는데 어제는 되고 오늘은 안 될 리가. 시스템 담당자에게 연락해 학습공동체 마스터가 한 말을 그대로 반복할 뿐이었다. 어제는 어떤 키워드로 검색했고 오늘은 어떤 키워드로 검색했는지, 통합 검색창을 이용했는지 커뮤니티 검색창을 이용했는지, 게시글을 따로 모아서 궁극적으로 하려는 것은 무엇인지. 시스템 담당자가 질문 세례를 퍼붓자 정신이 번쩍 들었다. 첫 통화에서 귀신을 의심하는 대신 내가 해야 했던 일을 알게 됐다.

170여 개에 달하는 학습공동체에서는 가지각색의 질문을 쏟아냈다. 모두 다 내가 요술램프 지니이길 기대했지만 "알아보고 다시 연락드리겠습니다."라는 말 밖에 나는 내놓을 답이 없었다. 좋아하는 일을 하게 됐다고 바로 잘하게 되는 마법은 없으니까. 새로운 직무를 맡았으니 다시 또 신입사원이 된 듯 새롭게 배워야 했다. 누구에게 물어야 하는지 무엇을 확인해야 하는지도 배워야 하는 초짜였다.

앞선 두 직무도 잘하고 싶은 의지로 업무를 익혔지만 이번에는 같은 의지여도 결이 달랐다. 좋아하는 일이라서 그런지 끊임없이 호기심이 일었다. 얕게 파고 덮는 호기심이 아니었다. 머릿속 물음표가 사라질 때까지 집요하게 파고드는 깊은 호기심이었다. 사내 주요 보고서를 모두 찾아 읽었고, 경제 경영서를 쌓아놓고 읽었다. 대학원에 다니며 다져진 공부력도 어김없이 발휘돼 논문을 찾고, 전문 서적을 펼쳤다. 대학원 동기, 선후배들에게 다른 회사 상황도 꼬치꼬치 물었다. 물음표를 쫓아가며 듬뿍 받아들인 정보는 뿌옇던 머릿속에 선명한 그림을 그렸다. 생각보다 이르게 전임 담당자의 운영 방식을 답습하지 않은 학습공동체 활성화 방안 보고서를 완성했다.

성장성이 큰 학습공동체를 우선 컨설팅해 눈에 띄게 활성화된 롤모델을 만들고자 했는데, 이 전략이 적중했다. 더는 전화를 받고 파르르 떨지 않았다. 오히려 전화기 건너편에서 어떤 목소리가 들려올지 기대했다.

"감사해요. 제안해 주신 방안대로 실행했더니 참여도가 올라갔어요."

"부장님께서 개선방안 보시더니 학습공동체 활동을 적극적으로 지원해 준다고 하셨어요."

"부장님께서 옆 부서 학습공동체 이야기를 듣고 저희도 해 보라고 하시거든요. 선임님이 도와주실 거라고 해서 연락드렸습니다."

일에 대한 개념이 달라졌다. 좋아하는 일은 회사의 일이 아닌 내 일이 됐다. 회사의 일을 넘어 그 일 자체를 잘하고 싶어졌다. 선임이라는 직급이나 소속된 회사를 벗어나 학습공동체 전문가를 바라게 됐다. 퇴근과 동시에 회사원 꼬리표를 떼고 자유인으로 남고 싶었던 내가 회사를 나서면서도 일을 그림자로 붙여뒀다. 회사 밖에서도 당연하듯 업무 관련 아이디어를 떠올렸다. 숙제가 아님에도 일과 관련된 논문과 책을 찾고, 시험 범위가 아님에도 일과 관련된 공부를 했다. 업무에 직접적으로 관련되는 지식만 얻으려 하지 않고 마케팅 전략 수립법, 인터뷰 잘하는 법, 프레젠테이션 잘하는 법 등 확장된 범위의 지식까지 탐냈다. 야근도 마다하지 않았다. 버티던 야근이 아니라 필요한 야근이었다.

회사 안팎을 구분하지 않고 일에 몰입하던 나는 드디어

전문가 자리를 꿰찼다. 학습공동체가 잘 운영된다는 소문은 회사 밖으로까지 퍼져 벤치마킹하러 찾아오는 회사가 생겼고, 외부 잡지에서 기고 의뢰를 받았으며, 외부 강의에 초청 강사가 되기도 했다. 심지어 경쟁사의 전화까지 받았다. 실적 순위에서 늘 하위권에 있던 신입사원이 입사 6년 차에 타사에까지 소문난 일잘러가 됐다.

여기서 만족하면 좋았을 텐데 사람의 욕심은 끝이 없는 법. 이번에는 순위가 없는 것이 문제였다. 분명히 일 잘하는 직원이 된 것 같은데 등수를 알 길 없으니 짐작이고 착각일까 불안했다. 많았던 칭찬은 쉽게 잊고 "좀 더 고민해 보자."라고 부장님이 말하면 낙심했고, "조금 더 변화를 줬으면 좋겠다."라고 상무님이 말하면 좌절했다. 좋아하는 일에서 일잘러가 되면 성공의 기쁨을 맛보리라 생각했지만 더 잘해야 한다는 강박에 사로잡혀 나를 더욱 일로 몰아붙였다. 잘하고 싶다는 의지로 일에 몰입하던 것이 정도를 넘겨 일중독이 되고 말았다.

일잘러와 일중독은 분명 달랐다. 재밌던 일이 무거워졌고, 즐겁던 일이 스트레스가 됐다. 반짝이던 호기심이 탐구 정신을 잃고 완벽 추구에 갇혔다. '일단 해 보자.'라던 생각이 '돌다리도 두들겨야 한다.'라는 생각으로 바뀌면서 조심하느라 나아가지를 못했다. 일에 몰입할 때는 쭉쭉 성장하는 내가 느껴졌는데, 일에 집착하니 외려 나는 내 부족한 점만 신경 쓰느라 거꾸로 걷는 듯했다.

대체 언제가 되면 성공했다고 할 수 있을까. 과연 성공의 기쁨을 맛볼 수나 있을까. 많은 사람이 내게 일잘러라고 했지만 조금만 긴장을 놓아도 사라질 말 같았다. 좋아하는 일에서 전문가가 되면 성공이라 생각했지만 전문가의 기준은 모호했다. 더 일을 많이 하면 성공에 다가가리라 생각했지만 그렇지도 않았다. 상사는 나를 믿는다고 했지만 신뢰가 실망으로 바뀔까 두려워 나는 나를 믿지 못했다. 진짜 일잘러가 맞는지, 성공할 수는 있는지 머릿속을 어지럽히는 물음표는 점점 더 커지기만 했다.

○

만족하면 좋았을 텐데 사람의 욕심은 끝이 없는 법. 순위가 없는 것이 문제였다. 분명히 일 잘하는 직원이 된 것 같은데 등수를 알 길 없으니 짐작이고 착각일까 불안했다.

인정받아도 질문은 남았다

Q

일을 잘하게 되면
여유로워질까?

답변 속도로
관계의 깊이를 측정한다면

'읽씹 vs 안읽씹' 논쟁이 있다. 모바일 메신저 앱에 도착한 메시지를 읽고도 답장을 안 하는 게 기분이 더 나쁜지, 안 읽고 답장도 안 하는 게 기분이 더 나쁜지에 대한 논쟁이다. 상대방의 메시지 확인 여부를 실시간으로 확인할 수 있게 되면서 일어나는 일이다.

내 용건을 무시하는 느낌이 들어 읽씹이 더 기분 나쁘다는 사람이 있고, 필요할 때만 나와의 대화창을 확인하는 느낌이 들어 안읽씹이 더 기분 나쁘다는 사람이 있다. 나도 읽씹과 안읽씹으로 제법 유명한 사람이었는데, 상대방의 용건을 무시하거나 필요에 의해 대화를 선별해서는 아니었다. 그렇다고 메신저보다 전화를 더 선호하지도 않았다.

  일잘러로 인정받기 위해서는 성과도 중요하지만, 평판도 중요하다. 영업 부서 직원들에게 담당 언더라이터에 대한 업무 만족도를 물었다. 부서 성과 평가에서 중상위권에 위치했기에 만족도 평가도 중상위권을 예상했지만, 내 이름은 최상단에 있었다. '업무 메신저의 빠르고 정확한 응대'가 주요 이유였다. 중상위권과 최상단의 합산 결과는 성과 평가 상위권이었다. 깜박이는 메신저가 부담스러워 빨리 답변한 것이 나를 성과 우수자가 되게 했고, 영업 부서에서의 평판을 높였다. 이때부터였다. 메신저의 빠른 응대를 평판과 연결 지은 것은.

  모니터는 문서 프로그램의 하얀 화면으로 가득 찼다. 깨끗한 화면에 검은 글씨가 다다닥 생겨나다 지워지다 다시 생겨나기를 반복하는데 불청객이 끼어들었다. 모니터 하단에 메신저가 깜빡였다. 기획 보고서를 쓰고 있었다. 잦은 소통보다는 혼자 하는 몰입이, 소통에도 속도보다는 깊이가 중요한 순간이었지만 빠른 메신저 응대를 우선했다. 언더라이터 시절 굳어진 업무 습관은 경영혁신파트로 부서를 옮긴 뒤에도 바뀌지 않았다.

메신저를 열자 숫자 1이 사라지며 한숨이 샜다. 불청객을 너무 빨리 맞아들였다는 후회였다. 보고서 쓰던 흐름을 끊을 만큼 급한 문의가 아니었던 것. 그런데도 문서 프로그램이 아닌 메신저 화면에 검은 글씨를 채웠다. 보고서를 쓰다 멈춘 것은 나만 알았지만 메신저는 내가 읽은 것을 상대방도 알았으니 당연한 수순이었다. 한 번 후회했으니 다음번에는 메신저의 깜빡임을 무시했느냐고? 아니, 그러지 못했다. 평판을 높이겠다는 욕심이 조건반사를 만들어 메신저가 깜빡이자마자 자동으로 창을 열어 답을 쓰게 했다.

 업무시간 내내 메신저, 메일, 전화와 회의까지 더해 소통 지옥에 갇히다 보면 창밖은 깜깜해졌다. 제일 중요한 업무인 기획 보고서 작성은 어둠이 내려 나를 찾는 사람이 사라져야만 가능했다.

 "민 선임, 메신저에 매번 그렇게 빨리 답변 안 해도 돼. 우리 일이 매출에 직결돼서 지금 당장 해결해야만 하고 그런 건 아니잖아. 그리고 급하면 다 전화해."

 옆자리 책임님은 모니터에 깜빡임이 생기는 꼴을 내버려 두지 못하고 바로바로 메신저에 응답하는 나를 보고 말했다. 하지만 나는 책임님 의견과는 반대로 급한 일이 아니기에 빨리 답변해야 한다고 생각했다. 경영혁신파트에서 내 업무는 임직원 혁신 마인드 제고를 위한 혁신 제도 운영이었다. 당장 실적 올리기가 더 중요한 현장 직원에게 혁신 마인드에 대한 관심은 우선순위에서 밀릴 터였다. 후순위에 있는 일에 궁금증이 생겼다면 그 틈을 놓치지 않고 답변해야 혁신 제도에 조금이라도 더 관심을 둘 것이 아닌가. 게다가 급하지 않은 질문이라도 예상보다 빨리 답변하면 자주 편히 물어볼 계기가 되리란 기대도 했다. 거리감 느껴지는 어려운 본사 스텝이 아닌 소통하기 편한 동료로 인식되길 바랐다.

책임님과는 다른 생각을 속으로만 품고 여전히 빠른 메신저 응대를 고수한 채 그저 묵묵히 야근했다. 책임님을 비롯한 선배들이 업무시간을 효율적으로 못 쓰니 만날 야근이라고 타박했지만 야행성에게는 밤이 돼야 더 많은 아이디어가 샘솟는다며 웃어넘겼다. 나라고 야근이 좋았겠냐 마는 필요한 야근이었다. 효율보다는 혁신 마인드 제고라는 가치가 내게는 더 중요하게 여겨졌고, 효율적으로 일하는 직원보다는 현장 지향형 스텝이 더 탐나는 이미지였다. 의도가 담기다 보니 메신저의 빠른 응대는 오히려 점점 더 중요해졌다.

그렇다고 내가 바람직했던 것만은 아니다. 소통도 습관

이기에 내게 연락해 오는 사람들은 당연하듯 빠른 답변을 기대했다. 전화 통화나 다른 업무를 하다 보면 메신저를 늦게 확인할 때도 있고, 메신저에 답변을 쓰다 누군가가 나를 찾으면 중간에 대화가 끊어질 때도 있는데 상대방은 그 짧은 시간을 기다리지 못했다. 답변이 조금만 늦어도 "?", "왜 대답이 없어요?", "자리에 안 계시나요?"라며 의아해했고, 숫자 1을 오랫동안 지우지 않으면 오늘따라 왜 그리 바쁘냐며 퉁명해졌다.

°°°
전화가 길어져서 답이 늦었습니다. 죄송해요.
죄송해요. 답변을 쓰다가 부장님이 부르셔서 대화가 끊어졌네요.

신속히 응답해야 한다는 강박에 사로잡혀 항상 대기 모드를 유지하는 것도 피로한데, 조금만 답변이 늦어도 죄송하다고 해야 하는 상황도 피로했다. 오죽하면 저렇게 재촉할까 싶다가도 내가 5분 대기조도 아니고 내게도 사정이란 것이 있는데 왜 매번 맡겨 놓은 사람처럼 답을 재촉하는지 짜증이 났다.

피로하고 짜증 난다고 메신저 답변을 늦추지는 않았다. "매번 빨리 답변해 주셔서 감사해요."라는 말이 회복제가 되어 어느새 다음 메신저에 빠르게 답변하고 있었다. 현장 입장을 먼저 생각하는 본사 직원, 친절하고 빠르게 답변해 주는 스텝이라는 평판을 놓치기 싫었다. 하지만 메신저는 너무 많이 왔고 급하지 않은 내용도 너무 잦았다. 회복제로도 해결 안 될 정도로 피로와 짜증이 넘치자 메신저가 도착했음을 알리는 깜빡임이 나를 잡아먹으려는 것처럼 보였다. 잡아먹힘을 피하고자 메신저 창을 열어 깜빡임을 없앴고, 메신저를 읽었으니 답변을 하게 됐고, 급하지 않은 내용에 빠른 답변을 하며 또 스트레스를 받는 악순환의 고리에 빠졌다.

ooo

토요일에 어디서 볼까?
답변 좀 해라.
읽지도 않더니 이제는 읽씹이냐!
토요일에 볼 수는 있어?

컴퓨터 메신저의 깜빡임을 빨리 없애기에 치중하는 동안 핸드폰에는 연락이 쌓였다. 모니터에서 보이는 알람에는 재깍재깍 답변했으면서 핸드폰에서 보이는 지인들의 알람은 무시했다. 회사에서는 빠른 응답으로 유명했지만 지인들에게는 무응답으로 유명했다. 읽씹과 안읽씹 둘 다 잦은 사람이었다. 행복 총량의 법칙, 지랄 총량의 법칙처럼 연락 응답에도 총량의 법칙이 있는 듯했다. 회사에서 너무 많은 응답 에너지를 써서 지인들에게 쓸 에너지는 바닥난 것이 아닐까.

"왜 이렇게 연락이 안 돼?"

"바빠서."

메신저 무응답에 지친 지인들이 전화하면 그마저도 퉁명하게 받았다. 동료들이 답변을 기다렸다고 하면 미안하다고 전전긍긍했으면서 지인들에게는 미안하다는 말을 지웠다. 그러다 보니 전화를 걸어온 지인들의 첫 마디는 "통화 가능해?"였다. 매번 바쁘다는 말을 달고 사는 나를 배려하느라 꺼낸 첫마디인데, 다 알면서도 마음에 안 들어 "통화 가능하니 받았지."라며 톡 쏘았다. 회사에서는 친절하게 답변하는 직원이었으면서 지인들에게는 불친절한 사람이었다.

회사에서의 나와 회사 밖에서의 내가 달랐다. 회사에서는 이해하기 쉽게 차근차근 풀어서 답변하는 내가 회사 밖에서는 "ㅇㅇ"과 같이 용건만 짧게 답했다. 회사에서는 묻지도 않은 말까지 "혹시 몰라서"라고 설명하면서 회사 밖에서는 묻는 말에도 "뭘 그런 걸 궁금해하냐?"라며 제대로 답변하지 않았다. 회사에서 받은 스트레스를 애꿎은 지인들이 뒤집어썼다. 회사에서는 줄곧 스마일 가면을 쓰며 쌓인 피로를 회사 밖에서는 인상파가 되어 신경질적으로 분출했다. 답변 속도로 관계의 깊이를 측정하는 사람들에게 나는 가족, 지인들과 제일 얕은 관계를 유지하는 사람이었다. 일을 잘하고 싶다는 욕심에 주객이 전도돼 버렸다.

엄마 되기보다 회사

 모든 직장인은 출근과 동시에 점심시간과 퇴근 시간을 기다린다. 어느 날 이 불변의 진리가 깨졌다. 점심시간이 싫어진 것. 반경 10m 안에 누군가 들어서면 그가 무엇을 먹었는지 알 수 있을 정도로 후각이 예민해졌다. 임신을 했다.
 특히 부서원들의 단골집인 김치찌개 냄새는 1초도 견딜 수가 없었다. 김치찌개 냄새가 감지되는 순간 헛구역질과 함께 화장실로 달려가야 했다. 점심을 먹지 못해 빈속이었음에도 물을 게워 냈고, 더 게워 낼 것이 없을 때는 위액과 담즙까지 올라왔다. 쓰라림으로 식도가 선명하게 느껴져야만 뱃속은 잠시 휴전했다. 김치찌개 냄새만 싫었다면 부서원들에게 눈 딱 감고 김치찌개 금지령을 내렸을 텐데, 과일과 커피가 아닌 직장인의 점심 메뉴 대부분은 내 비위를 상하게 했다. 점심시간이 끝나고 누군가 사무실로 들어설 때마다 속이 메슥거렸고, 나는 화장실로 달려갔다. 몇 차례 화장실을 들락거리고 나면 새하얗게 질린 얼굴과 충혈된 눈만 남았다.

회의실과 화장실로 숨어들었지만 그것도 순간일 뿐. 계속 숨어있을 수만은 없었다. 입덧이 심하다고 해서 일이 줄어드는 것은 아니니까. 휘청거리면서 뛰쳐나가 흐느적흐느적 돌아오는 것이 반복되자 부장님은 내게 새로운 제안을 했다.

"민 선임, 점심시간을 바꾸는 건 어때? 1시부터 2시로."

회사에서 정한 점심시간은 12시부터 1시였다. 사무실에 음식 냄새가 제일 심한 시간을 피하라는 부장님의 배려였다. 혼자서 점심시간을 보내야 했지만 괜찮았다. 어차피 먹을 수 있는 것도 과일 뿐이라 누구와 점심을 같이 먹기는 힘든 상황이었다.

다들 사무실로 들어오는 길을 거슬러 맞은 편에 있는 백화점으로 갔다. 정당한 점심시간을 보내는 것임에도 불구하고 어깨가 움츠러들었다. 우아한 아주머니들 틈을 비집고

지하 식품관을 들어설 때면 슬며시 목에 걸린 사원증을 손으로 가렸다. 가장 편안하게 먹을 수 있는 음식이 수박과 멜론이라 샐러드 바를 찾은 것임에도 쭈뼛거리게 됐다. 케이스 하나에 수박을 가득, 다른 하나에 멜론을 가득 담아 구석 외딴곳에 자리를 잡았다. 먹을 수 있는 것만으로도 괜찮다는 생각은 화려한 공간에서 쓸쓸하게 바랬다. 유난한 입덧으로 유난하게 보내야 하는 점심시간이 처량했다.

처음에는 별다른 말 없이 주문한 대로 음식을 담아주던 점원이 나흘째 같은 주문을 하자 조심스레 물었다.

"혹시 임신하셨어요?"

그렇다는 나의 반응에 점원은 세 번째 케이스를 꺼내 수박과 멜론을 듬뿍 담아 건넸다. 축하한다며 서비스라고. 분명 고마운 일인데 처량한 임산부는 특별 대접이 마냥 반갑지 않았다. 세 번째 케이스를 덤으로 받지 않아도 되니 입덧이 얼른 끝났으면 했다. 임산부여도 임신 전과 다름없는 컨디션으로 돌아오길 바랐다.

생각보다 입덧이 오래가자 점심시간을 달리 쓰는 것도 점점 눈치가 보였다.

"민 선임, 1시 30분에 회의 시작하려는데 안 돼?"

"선임님, 메신저에 답이 없으셔서 핸드폰으로 했어요. 혹시 밖이세요?"

1시 50분, 1시 40분으로 점점 사무실로 돌아가는 시간이 당겨졌다. 점심시간을 배려받는 것이 일에서도 배려받는 것으로 오해를 살까 마음이 편치 않았다. 게다가 출산휴가에서 복귀한 직원들이 원 부서가 아닌 다른 부서로 복귀했다는 소식이 들릴 때마다 불안은 몸집을 부풀렸다. 지금 하는 일을 계속하기 위해서는 내가 이 부서에 꼭 필요한 사람이 되어야 했다.

아직 알지 못하는 엄마의 자리를 준비하는 것보다 회사에서 내 자리를 지키는 것이 더 급했다. 입덧이 나아졌다는 거짓말로 점심시간을 원복했다. 커피 가루를 책상 곳곳에 놓아두고 사탕을 먹으며 냄새를 가렸다. 점심시간이 끝나고 사람들이 몰려드는 시간에는 아예 커피를 타서 콧구멍 앞에 딱 붙이고 있었다. 마시지 못하는 커피 컵이 모니터 앞에서 일렬로 줄을 섰다.

지금은 근로기준법 제74조 5항에 따라 임산부는 정규업무시간 외 시간외근로를 할 수 없게 됐지만, 안타깝게도 이 법은 내가 임신한 다음 해에 신설됐기에 나는 보호를 받을 수 없었다. 화장실을 들락거리느라 밀린 일로 야근해야 했다.

"왜 안가?"

"일이 남아서요."

대화는 여기서 멈췄다. 무슨 일이 얼마나 남았는지를 궁금해하는 사람은 없었다. 회사에는 '1.9 인분'이라는 말이 있다. 2 인분의 일이 한 사람에게 몰리면 인력을 충원해 줘야 하니 그에 아주 조금 못 미치는 1.9 인분까지 일을 시키며 최대한 부려 먹는다는 말이다. 너도나도 1.9 인분의 일을 우걱우걱하고 있는데 내 일을 덜어줄 사람은 없었다.

"좀 괜찮아?"

"네. 괜찮아요."

일에 대해 더 묻지를 못하니 선배들은 내 몸 상태를 물었다. 하지만 몸 상태를 묻는 말도 짧았다. '저녁은 먹었어? 입덧은 어때? 앉아 있는 건 안 힘들어?' 이렇게 더 자세히 물었다가는 집으로 들어가라고 해야 할 것 같고, 그럼 다시 남은 업무를 물어야 할 테니 괜찮냐는 질문에서 대화는 끝이 났다. 나 역시 솔직한 내 몸 상태를 알려 임산부의 힘듦을 내세우기보다는 여전히 일 잘하는 직원으로만 보이고 싶어 괜찮다고 싱긋 웃으며 대화를 닫았다.

임신했어도 임신 전과 다름없이 주어지는 1.9 인분의 일과 똑같이 요구되는 성과에 문제 제기 없이 순응했다. 오히려 출산휴가 때 내가 없어도 일이 원활하게 진행되도록 하겠다며 미래의 일까지 끌어당겨서 했다. 공백 대비를 이렇게 잘해놨으니 나를 다시 이 부서로 복귀시키라는 시위였다. 임신과 출산을 이유로 주변부로 밀려나지 않기 위해 악착같이 버티며 일했다. 내가 알아서 버티고 나서서 일하는데 선배들은 괜찮으려니 할 뿐이었다.

임신 막달, 비슷한 시기에 임신한 동기는 20kg이 넘게 몸무게가 늘었다는데 나는 고작 8kg이 늘었다. 이것도 임신 8개월까지 이어지던 입덧이 끝난 뒤 일부러 더 먹어가며 찌운 결과였다. 살만 조금 찐 것으로 오해할 뿐 내가 임신했음을 모르는 사람도 있었다.

회의 말미에 다음 주면 출산휴가에 들어간다고 했더니 건너편에 앉은 타 부서 동료의 눈이 휘둥그레졌다. 나를 위아래로 훑어보더니 임신했었냐고 물었다. 헐렁한 원피스를 살짝 몸에 붙이며 배를 내밀자 진짜라며 입까지 떡 벌렸다. 지금까지 회의가 몇 번이었는데 그렇게 무관심할 수 있냐는 책임님의 타박에 나는 기분 좋게 응수했다.

"제가 임신한 티도 안 날 만큼 일에 빈틈이 없었나 보죠."
"진짜 몰랐어요. 왜 이렇게 일을 몰아붙이나 했더니 출산휴가 때문이었네요. 임신한 티 안 난 것도 신기한데, 출산휴가까지 생각해서 미리 일을 챙기는 것도 신기하네요. 이 일이 진짜 좋나 봐요."

 아, 이 말을 부장님이 들었어야 했는데. 그래도 책임님이 들었으니 부장님께 옮겨주리란 기대를 했다. 출산휴가를 마치면 다시 이 부서, 지금 내 업무로 돌아올 수 있을 것 같았다. 며칠 전 살을 더 찌워야 한다던 의사의 걱정은 같은 자리로 돌아올 것이라는 희망에 들떠 이미 사라진 뒤였다.

 "저 다음 주부터 출산휴가 들어가요."

 "아휴, 그렇구나. 그럴 때가 됐지. 입덧도 심한데 회사 다니느라 고생했네. 몸조리 잘하고 다시 출근하면 꼭 한번 와서 아기 사진 보여줘요."

 두 달 가까이 매일 출근 도장을 찍었고, 그 뒤에도 자주 들렀던 백화점 샐러드 바의 점원이 손을 토닥이며 건넨 인사였다. 내 일 걱정이나 내 몸 걱정을 제대로 하지 못하던 선배들은 출산휴가가 임박했을 때도 제대로 걱정하지 못했다. 푹 쉬고 오라고 하면 될 것을 "석 달 쉬면 지겨울 거야. 더 빨리 복귀해도 괜찮아."라며 농담 반 진담 반을 건넸다. 그렇지 않아도 출산휴가 공백이 불안한 나를 더 불안하게 하는 회사 선배들보다 낯선 사람의 기다림이 고마워 눈물 버튼이 눌렸다.

 선배들 앞에서는 늘 괜찮다는 말만 되풀이하며 웃었는데

어쩌면 나는 계속 울고 싶었던 것인지도 모르겠다. 임산부임에도 1.9 인분을 넘겨 일하면서 다른 직무로 발령 날까 불안해하는 내가 안타깝고, 일 잘하는 직원이라는 이미지를 나약한 임산부로 덮고 싶지 않아 임신하지 않은 것처럼 보이려 아등바등하는 내가 안쓰럽고, 고작 8kg만 는 몸무게는 자랑이 아니라 걱정이었는데 이조차 외면했던 내가 씁쓸해서. 돌이켜보면 내게는 자신의 삶보다 회사원으로의 삶이 더 중요했다. 나 자신을 나로 보지 않고 회사의 일꾼으로 봤고, 그랬기에 보호받아야 할 임산부가 아닌 일 잘하는 직원으로 보이기만을 바랐다.

왜 열심히 일하면서도 나는 계속 초조해할까. 왜 일이 모든 것을 앞설까. 드러내고 배려받아도 되는 임신을 가리기 급급했던 나와 나를 그렇게 만든 회사가 원망스러워서 고생했다고 말해주는 샐러드 바 점원의 손을 한참 동안 놓지 못했다.

"해보겠습니다!"

 직무순환제도를 실시하는 회사에 다녔다. 통상 2~3년을 주기로 직원들을 다른 부서나 직무로 이동시키는 제도다. 다양한 경험과 지식을 쌓아 조직의 유연성을 높이고, 인력의 효율적 배치와 활용을 통해 생산성을 높이기 위해서였다. 그렇다면 제너럴리스트를 양성하겠다는 목적인데, 꼭 그런 것만도 아니었다. 부서장들은 특정 직원의 평판을 물을 때 무엇을 잘하는지 알고자 했다. 다 잘한다는 답보다는 다 잘하지만 '특정한 무엇'은 더 잘하는 직원을 바랐다.

 책임 3년 차, 경영혁신파트에서 근무한 지 6년이 됐다.

좋아하는 일을 잘하게 됐으니 이 부서에 계속 머무르고 싶었지만, 직무순환제도에 한참 벗어나 있었기에 불안했다. 어차피 옮겨야 한다면 내 의지이길 바라 부장님께 발령을 요청했다. 부장님은 지금 업무와 관련된 교육 부서로의 발령이나 참신한 기획력을 강점으로 마케팅 부서로의 발령을 고민해 보자고 하셨다. 하지만 고민의 결과는 뜬금없었다. 미디어파트로의 발령을 제안하셨다. 미디어파트장이 나를 원한다고.

미디어파트는 사내 방송을 만드는 부서로 부서원의 90%가 방송국이나 프로덕션에서 근무했던 경력직이었다. 부서원 대부분이 직급보다 PD나 감독으로 불리는데 내가 뭘 할 수 있을지 의문이었다. 무엇보다도 관리자를 향해 가야 하는 연차에 다시 또 신입사원 신세로 돌아갈까 불안했다.

"미디어파트로 발령났더라. 가서 PD 되는 거야?"

"보고서 주무가 필요하다 그래서. 아이템 기획이랑 CEO 방송 원고 작성도 하고. 제작은 안 한다고 하니 PD는 아니야."

분명 제작은 하지 않을 것이라고 했다.

"방송 원고를 쓰려면 방송을 알아야 하잖아. 방송 원고는 일반 글과는 또 다르더라고. 제작을 배우는 게 어때?"

새 부장님은 첫 면담에서부터 방송 제작을 언급했다. 내가 부장님의 지시를 거절해 본 적이 있던가. 이번 지시는 거절하고 싶었다. 손에 꼭 쥔 커피잔에 시선을 고정한 채 입을 꾹 다문 나를 부장님은 쉬지 않고 회유했다. 누구나 유튜브를 하는 세상이라고, 방송은 기술보다 감각이 더 중요하다고, 내 감각이고 능력이면 편집 기술을 금세 배울 거라고. 내가 꿈쩍도 하지 않자 부장님은 내 취약점을 건드렸다.

"일 잘한다고 칭찬해서 데려왔는데 아닌가? 일이 곧 도전이고 배움이잖아."

일을 잘해서 인정받고 싶은 욕구에 꽁꽁 매여있는 나를 부장님은 잡아당겼고 나는 당겨지는 대로 고개를 들었다. 다음 말이야 뻔했다. 꽉 막힌 목구멍을 비집고 "해보겠습니다!"를 힘겹게 뱉었다.

뉴스 단신 편집을 시작한 지 한 달 만에 3분짜리 한 꼭지도 아닌 15분짜리 한 편의 방송을 제작하겠다고 덤볐다. 일을 더 한다는데 마다할 사람이 있을까. 실력이 모자라 시간을 갈아 넣어야 했다. 다들 단축키를 쓰며 쭉쭉 화면을 붙여나갈 때 메뉴를 하나하나 클릭해야 했고, 메뉴 위치, 기능, 이름이 쉽게 익혀지지 않아 잘못 클릭해 몇 번씩 실행취소를 해야 했다. 게다가 사용하는 편집 프로그램은 방송국이나 영화 편집에서 쓰는 고급 프로그램이라 인터넷에 검색해도 활용법이 나오지 않았다. 동료들을 귀찮게 하며 답을 찾아야 했다. 입사 이래 최장 야근을 하면서도 매번 아슬아슬하게 마감을 맞췄다.

'다큐 1일'이라는 타이틀로 격오지에서 근무하는 직원의 하루를 찍게 됐다. 출연자가 두 명이라 원주에서 하루, 안동에서 하루씩 촬영해야 하는 1박 2일의 출장이었다. 촬영 감독은 새벽부터 나서는 출장이 피곤하다고 했지만 사무실을 벗어나니 나는 여행길에 오른 듯했다. 모텔에서의 숙박조차 좋았다. 남편과 아이를 떼놓고 혼자 자는 밤이라니!

안동에서 근무하는 직원의 외근을 따라 깊은 산속으로 들어가니 고라니가 툭 튀어나왔다.

"놓치면 안 돼요!"

카메라를 들고뛰는 감독 뒤에서 '고라니까지 사람을 반기는 인적 드문 시골'이라는 내레이션을 떠올렸다. 많이 흔들린 촬영본은 결국 사용하지 못했지만 영상과 내레이션을 동시에 떠올리는 내 모습이 제법 PD다웠다.

카메라를 통해 사람을 관찰하는 건 맨눈으로 관찰하는 것과는 달랐다. 내가 어떤 의미로 바라보느냐에 따라 장면이 달라졌다. 직원과 고객의 만남에서 직원의 태도에 의미를 둘 수도 있고, 고객의 사연에 의미를 둘 수도 있다. 고객과 통화를 하는 직원의 모습에서는 통화 내용에 의미를 둘 수도 있고 통화를 하면서 다른 서류를 살펴야 하는 바쁜 일상에 의미를 둘 수도 있다. 현장을 해석해 촬영하는 재미에 나는 지치지 않고 생동감이 넘쳤다.

편집실로 돌아오면 상황은 180도 달라졌다. 원고 작업까지는 수월하게 마쳤는데 편집만 시작되면 입술을 잘근잘근 씹었다. 현장의 생생함을 제대로 살리고 싶은 욕심을 실력이 따라오지 못하니 답답했다. 초짜 PD이니 담백하게 영상만 잘 붙이면 된다는 조언을 듣고서도 각종 공중파 프로그램에서 봐왔던 편집 스타일을 흉내 내느라 편집실을 벗어날 수 없었다. 매일 축 처진 모습으로 새벽에 퇴근했다.

입술에 물집이 툭 튀어나왔지만 내가 만든 방송이 송출되고 출연진에게 감사 인사를 들으니 시간이 지나면 사라질 물집 정도는 아무렇지도 않았다. 바닥나는 체력은 조그맣게 숨기고 재미와 보람을 부풀리며 버텼다.

사내 방송은 한번 송출되면 그것으로 끝나는 것이 아니라 사내 인트라넷에 등재된다. 제작 PD 이름을 달고서. 내가 부서를 옮겨도 혹여나 퇴사해도 기록이 남는다. 보고서에는 부서 이름만 기록되는데 내 일에 내 이름이 박히는 것은 짜릿했다. 더 욕심내게 됐다.

책임 4년 차 정도 되면 효율적으로 일하는 법이 체득돼 여유가 생긴다는데 나는 여전히 저경력 직원을 벗어나지 못한 채 동동거렸다. 동기들은 야근하며 대부분 숲을 구상하던데 나는 여전히 나무 하나에 매달려 있었다. 후배를 어떻게 양성할지 걱정하는 동기들 사이에서 나는 내 양성을 걱정해야 했다.

오랜만에 동기들과 저녁 번개가 있었다. 다들 시원하게 맥주를 들이켜는데 나는 한 모금만 홀짝였다. 다들 등을 편히 기대고 풀어진 자세로 이야기를 나누는데 나는 허리를 꼿꼿하게 세우고 엉덩이를 들썩였다. 이 자리가 끝나면 집으로 돌아가는 것이 아니라 중간에 일어나 편집실로 돌아가야 했다.

"진짜 네가 직접 편집까지 하게 될 줄은 몰랐어. 나 그래서 선정이를 '민 PD'라고 부르잖아."

"내가 처음에 편집을 어떻게 배울 거냐고 걱정했더니 선정이 뭐라고 했는지 알아? 시간이 걸려 그렇지 못 배울 것은 없데. 얘는 매사 긍정적이잖아."

마지막 질문이 결정타였다.

"그러면 너 계속 미디어파트 있는 거야? 그러다 미디어파트장 되는 거 아니야?"

편집실로 돌아오는 길, 마지막 질문을 곱씹었다. 나는 이 부서에 언제까지 있을 수 있을까. 나는 회사에서 전문성을 갖춘 인재로 평가받고 있을까. 어떤 주특기를 가진 부서장이 될까. 부서장이 될 수나 있을까. 매번 신입사원 신세로 돌아가 어떻게든 해내는 것도 특기가 될까. 일 잘하는 직원이 되고 연차가 높아지면 불안은 줄고 여유가 생길 것으로 생각했는데, 회사는 내게 매번 새로운 일을 건넸고 나는 여전히 여유의 '여'는 가져보지도 못했다. 내 커리어에 확신할 수 없었고, 내 다음 행보를 짐작할 수 없어 불안은 계속 나를 따라다녔다.

묵직한 편집실 문을 열고 들어서며 머리가 띵 울렸다. 동기가 했던 '매사 긍정적'이라는 말에서 내 주특기가 떠올랐다. 어쩌면 내 주특기는 '긍정적으로 해석하는 능력'이 아닐까. 제작 업무를 담당하기 싫었지만 담당한 후에는 촬영 현장에서 재미를 찾고, 출연진의 감사 인사에 보람을 찾고, 내 일에 내 이름을 남기는 것에 의미를 두며 싫다는 감정을 지웠으니까. 일잘러로 자리 잡은 이상, 어떤 일이든 잘 해내야 했다. 불리한 상황을 내게 유리하게 해석하며 업무력을 끌어올리려 애썼다. 긍정적 환경에서 더 잘할 수 있는 법이니까.

여전히 내일은 불안하지만 불리한 상황도 긍정적으로 해

석하며 나아가다 보면 그 끝에는 결국 근사한 성공이 기다리고 있으리라 기대한다. 구름 뒤에는 항상 햇빛이 존재함을 믿으며 햇빛 가린 구름을 탓하는 대신 밀어낼 시원한 바람을 일으켜 본다. 걱정해도 불안해도 상황을 바꿀 수 없다면 긍정적으로 버텨보자며 늦은 밤 모니터에 비친 내 얼굴을 보고 입꼬리를 끌어올렸다.

일보다
가족이 먼저라고 말했지만

한국직업능력연구원의 '한국인의 직업의식 및 직업윤리(2022)' 조사에 따르면 삶의 영역별 중요도는 가족생활, 일, 여가생활 순으로 나타났다. 나이별로 살펴보면 20대는 여가생활, 가족생활, 일의 순서였고, 30대는 가족생활, 여가생활, 일의 순서, 40대부터 60대까지는 가족생활, 일, 여가생활 순서였다. 나이에 따라 여가생활의 위치는 달랐지만, 가족생활이 일을 앞서는 건 같았다.

나른한 오후 애써 CEO 방송 원고에 집중하는데 전화가 울렸다. 익숙한 국번으로 시작되는 번호는 유치원이었다.

"어머니"라며 나를 부르는 선생님의 목소리가 떨렸다. 뒷말이 쉽게 이어지지 않는 잠깐의 침묵 사이 온 감각이 날카롭게 곤두섰다. 선생님의 거친 숨소리가 내 심장을 죄었다.

"어머니… 어머니… 사고가 좀 있었는데요…. 선유 이마가… 찢어졌어요."

덜덜 떨리는 손으로 남편에게 전화를 걸었다. 선생님이 그랬던 것처럼 나 역시 "오빠…"만 부르고 뒷말을 이을 수 없었다. 깊은숨을 몇 번 내뱉은 뒤에야 더듬더듬 그에게 상황을 설명했다.

전화를 거는 내 목소리가 제법 컸던 모양이다. 남편과 통화를 끝내고 나니 사무실 사람들의 시선은 나를 향해 있었고, 부장님은 어느새 내 옆에 서 있었다.

"무슨 일이야?"

"선유 이마가 찢어져서 응급실에 간다고…"

"남편이 병원에 가는 거지?"

"네…."

"작성자가 빠질 수는 없으니 잠깐 바람 좀 쐬고 와. 마음 가라앉히고 보고 먼저 하자."

CEO 방송 원고의 최종 결재자는 CEO인데, CEO 보고에 앞서 상무님께 보고를 드리는 날이었다. 원고 작성자가 나이기에 내가 부장님과 함께 보고를 드리고 피드백을 들어야 했다. 직접 들어야 헷갈리거나 빠뜨리지 않고 제대로 수정할 수 있었다.

아니, 내가 직접 피드백을 들어야 한다는 주장은 일에 빈틈을 보이고 싶지 않은 내 욕심이었다. 작성자 부재를 감당 못 할 부장님이 아니었다. 지금이라도 보고는 부장님께 일임하고 사무실을 뛰쳐나가 아이에게 가야 하는데 발은 세게 바닥을 밀어내지 못한 채 동동 구르기만 했다.

일과 아이 사이에서 내가 일을 붙들어야 할 이유를 생각했다. 유치원 근처에서 근무하는 남편이 가까운 응급실로 갈 아이에게 가는 것이 합리적이다. 아빠가 가는데 엄마까지 갈 필요는 없다. 오늘은 남편이 휴가를 쓰고 내일은 내가 휴가를 쓰는 것이 이성적이다. 이유가 하나씩 늘어가면 떨림이 잦아들어야 하는데 잘근잘근 씹은 입술만 부풀었다.

보고 5분 전, 남편에게 전화가 왔다. 아이는 일곱 바늘을 꿰맸다고 했다. 많이 울었는지, 엄마를 찾지는 않았는지, 흉터가 남지는 않을지. 묻고 싶은 것이 많았지만, 알았다는 한마디만 건네고 전화를 끊었다. 눈을 부릅뜨고 버텼다. 깜박이는 순간 눈물이 쏟아질 것 같았다.

울컥하는 마음을 고르며 휴대전화 녹취 기능을 켰다. 사무실을 뛰쳐나가지 못하고 상무석으로 향했지만 상무님 피드백을 기억하거나 메모할 자신이 없었다. 평소 같으면 메모로 덮였을 원고에는 몇 군데 체크 표시만 겨우 남겨졌다. 대신 펜을 어찌나 세게 잡고 있었던지 손 마디가 빨갰다. 보고는 무사히 끝났지만 원고는 수정이 필요했다. 아무 일도 없었다면 내일까지 수정하고 모레 오전에 재보고를 하면 되는 일이었다. 하지만 내일은 반드시 휴가를 써야 했기에 당장 오늘은 야근해야 했다.

"퇴근 조금 빨리 못해? 선유가 엄마 많이 찾았어."

신호가 울리자마자 전화를 받은 남편이 무거운 말을 던졌다. 푹 패여 아픈 마음을 남편에게 되돌려 줘야 했다.

"야근해야 해. 대신 내일 휴가 쓸게."

남편의 목소리는 한껏 낮아졌다. 아무래도 이를 질끈 깨문 것 같았다.

"선유가 얼마나 엄마를 찾았는데 야근을 꼭 해야 해? 너희 회사는 너밖에 일할 사람이 없어? 일이 그렇게 중요해? 일곱 바늘이 장난이야? 사진 봤잖아. 그런데도 일할 정신이 들어?"

피할 수 없는 폭탄을 마구 던진 남편은 0.1초의 틈도 주지 않고 거칠게 전화를 끊었다. 이미 뻘겋게 부푼 입술은 또 다시 잘근잘근 씹혀 피가 맺혔다.

녹취를 들으며 수정 사항을 정리하는데 도무지 진도가 나가지 않았다. 자꾸만 빠져나가는 말들로 앞부분을 듣고 또 듣는데 다시 남편에게 전화가 왔다. 감정이 너무 격해서 그랬노라며 어쩔 수 없는 거 알고 있으니 일 잘 마무리하고 오라고, 아이를 데리고 집으로 간다고 했다. 목소리에서 화는 빠졌지만 지친 마음은 숨겨지지 않았다.

이기적인 나는 집에 도착했다는 남편의 메시지를 보자마자 집중력 부스터를 켰다. 지금 걱정한다고 상황이 달라지지 않으니 이왕이면 빨리 일을 끝내고 서둘러 집에 가야겠다는 다짐이었다. 하지만 다짐은 너무 미약했다. 원고가 완벽히 마음에 들 때까지 고치고 또 고치는 것을 반복했다. 드디어 끝났다고 마지막으로 훑었는데 딱 한 단어에 걸려 다음으로 넘어가지질 않았다. 미묘한 거슬림이라 무시해도 되는데 무시하질 못했다. 그 한 단어를 고치고 다시 마지막으로 읽으면 또 다른 구절이 걸렸다. 사실 수십 번을 고치고 있는 나만 알아채는 어색함임을 알면서도 내 기준에 흡족할 때까지 원고를 놓지 못했다. 심지어 부장님께 완성했다며 보고 메일을 보내고도 발신 취소를 하고 다시 고쳤다. 결국 남편도 아이도 잠든 깊은 밤이 돼서야 현관문을 열 수 있었다.

아이의 상처는 잘 아물었고, 흉터는 시간이 지나며 점점 옅어졌다. 아이는 그 일 이후 사고가 난 장소에서는 놀지 않는다고 했지만, 유치원에는 다른 공간도 많았기에 그러려니 했다. 자신을 밀어 다치게 한 친구도 한동안 외면했지만, 언젠가부터 다시 같이 논다고 하기에 마음의 상처도 잘 아문 줄 알았다.

시간이 제법 흘러 이제는 아이의 앞머리를 들춰 상처를 확인하지 않게 됐을 때였다. 아이는 내 손을 잡으며 불쑥 그날의 일을 말했다. 자기 이마에 피가 철철 났던 것 기억하냐고. 그때 엄마는 안 왔었다고. 잠시 숨 쉬는 걸 잊었다. 아이는 평소와 다름없이 귀엽게 종알거렸지만 평소와 다름없는 어조는 나를 당황하게 했다. 처음에는 거울 보는 것도 거부했던 아이였는데 아무렇지 않게 내게 말할 수 있을 때까지 얼마나 곱씹었을까. 굳어버린 엄마의 손을 가볍게 흔들며 아이는 한 번 더 엄마가 안 왔었다는 말을 반복했다.

마음에 벼락이 쳤다. 나의 부재가 아이에게 원망으로 남을 수도 있겠구나. 아이의 마음에 나는 기다려도 오지 않는 엄마로 남을 수도 있겠구나. 평일에는 보기 힘들지만, 주말에는 최선을 다해 놀아주는 엄마이니 괜찮을 것이라 위안했는데 순전히 나만을 위한 생각임을 깨달았다.

회사가 중요하냐, 가족이 중요하냐 물으면 1초도 망설이지 않고 가족이라고 말하겠지만, 합리적이고 이성적으로 판단해야 한다며 행동으론 회사를 택했다. 가족은 기다려 주고 이해해 주겠지만 회사는 그러지 않는다. 가족은 나를 평가하지 않지만 회사는 나를 평가한다는 이유였다. 내게 돈을 주는 일에 더 무겁게 책임감을 느끼며 내게 사랑을 주는 가족에게는 책임감을 덜어냈다.

불쑥 꺼낸 사고 이야기는 아이가 내게 보내는 신호 같았다. 엄마를 기다리는 자신의 인내심이 바닥나고 있음을 알려주는 것으로 들렸다. 엄마가 일보다 가족을 가벼이 여겼음에 대한 경고로 보였다. 일에 대한 기준은 높으면서 사랑에 대한 기준은 낮은 나를 탓하는 것으로 느꼈다. 아이의 말로 인해 지금껏 합리적이고 이성적이라고 믿었던 내 판단이 흔들리기 시작했다.

일은 열심히가 맞을까?
적당히가 맞을까?

학창 시절에는 "열심히 하겠습니다."라고 말하면 긍정의 리액션이 돌아왔다. 하지만 회사원이 됐더니 "열심히 하겠습니다."라고 말하면 "열심히는 당연하고 '잘' 해야지."라며 말이 덧붙여졌다. 그냥 '열심히' 해서는 안 됐다. 성과를 '잘' 내는 '열심히'가 필요했다.

아무리 열심히 해도 편집 속도가 빨라지지 않자 업무 파트너가 생겼다. 외주 PD였다. 아이템 선정과 기획은 내가 전담하고 촬영과 편집은 외주 PD가 전담하되, 구성과 원고 작성은 함께 하기로 했다. 나의 취약점인 방송 편집 기술을 채워줄 외주 PD가 반가웠는데, 그건 착각이었다.

완성본이라고 도착한 파일을 보고 외주 PD에게 말했다. CG 작업을 빠뜨리고 보낸 것 같다고. 인터뷰가 많은 영상에 모두 같은 색상, 같은 폰트, 같은 크기의 자막만 얹혀 있었다. 두 번째 CG 레이어가 통으로 누락됐으리라 짐작됐다. 하지만 외주 PD는 빠뜨린 것이 없다고 했다. 효과음도 거의 없고 화면 전환 효과도 대부분 같던데 그것도 맞냐고 물었더니 그렇다고 했다. 영상이 너무 밋밋했지만 외주 PD가 나보다는 편집 전문가이기에 그대로 시사를 진행했다.

방송실을 채우는 목소리가 점점 노기를 띠더니 숨도 못 쉬게 싸늘함을 뱉었다. 얼굴이 벌게질 만큼 부장님의 질책이 날아왔다. 외주 PD가 편집한 것은 잊었는지 부장님은 나만 지적했다. 억울했지만 억울해할 수 없었다. 방송에는 내 이름이 달리니까. 우리 부서를 제외한 다른 부서 사람들은 외주 PD가 편집했는지 알 수 없을 테니 방송 담당자인 내 잘못이 맞았다.

"아무래도 완성 기준을 좀 높여야 할 것 같아요."

"많은 고객사를 만나봤지만 여기 부장님이 유독 까다로우신 거예요. 사내 방송이 예술도 아니고 이 정도면 됐지."

"어차피 고쳐야 하는데 지적당해 고치느니 지적 안 당하면 더 좋잖아요."

일을 잘하고 못하고를 떠나서 혼날 일은 하지 않는 게 더 좋은 것 아닌가. 외주 PD는 나와 정신세계가 다른 듯했다. 꿋꿋하게 혼나는 상황을 유지했다. 부장님의 질책에 작아지는 건 나였고, 외주 PD는 그러려니 했다. 오히려 뭘 그렇게 동동거리냐며 더 잘 만들어도 지적의 양은 달라지지 않을 거라는 논리를 펼쳤다. 지적 총량의 법칙이라나 뭐라나.

서로의 영역을 존중하며 일하려는 마음을 거둬들였다. 처음부터 끝까지 내 일로 생각하고 하나하나 피드백했다. 원고 피드백에서 빨간색으로 취소선을 긋고 파란색으로 수정 의견을 쓰던 정성을 버리고 백지에 다시 썼다. 영상물 시사는 두 번으로 나눠 내가 먼저 보고 피드백을 전달해 수정한 파일로 부장님 시사를 진행했다. 1차 수정 사항이 50개가 되는 것은 기함할 일이 아니었다. 결과물로 평가받는 것은 나이기에 어쩔 수 없었다.

제작 과정에서 외주 PD를 지운 부장님은 업무 배분에서는 외주 PD를 기억했다. 방송 하나에 PD가 두 명 붙어 있으니 여력이 있겠노라며 행사 영상을 내게 맡겼다. 방송실에서는 외주 PD를 언급하지 않다가 사무실에서는 외주 PD를 언급하는 부장님이 야속했다.

'부장님, 요즘 시사 때 영상이 나아져서 외주 PD 실력이 나아진 줄 아시는 거죠? 아닙니다. 제가 먼저 보고 수정한 걸 부장님께서 보셔서 그렇습니다. 나아지기는커녕 저번 방송 엔딩은 제가 직접 편집했고요. 저번에 구성 좋았다는 원고도 제가 혼자 다 새로 쓴 겁니다….'

고자질할 일이 한두 개가 아닌데 입만 달싹이다 말았다. 외주 PD 관리도 내 업무인데 내 무능을 내가 시인할 수는 없었다.

내가 직접 수정 편집까지 관여하며 버둥거린 결과 방송의 완성도는 높아졌고 시사 때 부장님의 지적도 줄었지만 불편했다. 결과만 좋으면 과정이 어떻든 괜찮은 것일까. 지금까지는 목표만 바라보며 달렸는데 달리는 자세와 태도를 의식하게 됐다. 분명 이인삼각을 뛰고 있는데 같은 속도로 나란히 뛰는 것이 아니라 한 사람은 뛰지 않고 걷기에 다른 한 사람이 질질 끌고 가더라도 목표에 도달하기만 하면 문제가 없는 건가. 분명 부장님이 이번 방송 너무 괜찮다고 손뼉까지 치는데 입꼬리만 가까스로 올렸다. 모든 프로세스에서 외주 PD가 마음에 들지 않았던 터라 도무지 웃을 수가 없었다.

개선하기 위한 노력을 하긴 했다. 새로운 효과를 쓰면 과

장되게 좋아하고, 즐겨 쓰던 음악 대신 영상에 맞춤인 가사가 들리는 음악을 깔면 이런 센스 너무 좋다며 호들갑도 떨었다. 수정 사항 피드백을 분석해 같은 피드백을 몇 번이나 했는지 데이터로 보여주고, 1차 완성본과 최종 영상을 같이 보며 무엇이 어떻게 달라졌는지 토론도 했다. 하지만 그때뿐이었다. 외주 PD는 왜 그렇게 사내 방송의 완성도 기준이 높은지 이해가 안 간다고 말했다.

폭탄을 떠안고 뛰는 기분이었다. 일 폭탄, 사람 폭탄이 나를 좀먹었다. 일이야 아무리 많아도 하면 하겠는데 의욕 없는 사람이 옆에서 계속 부정적인 감정을 전하니 내게도 먹구름이 드리웠다. 밝은 에너지가 썰물처럼 빠져나갔다.

일하는 방식과 관련된 아이템을 기획하며 임직원뿐만 아니라 외주 PD에게도 필요하다고 여겨 '협업 잘하는 방법'에 대한 방송을 제작했다. 전문가 인터뷰도, 협업 우수사례도 외주 PD가 직접 촬영하고 편집했으니 분명 느낀 바가 있으리라 믿었다.

"우리한테도 도움 되는 내용이 많지 않아요?"

"그런가요?"

눈치가 없는 건지, 알아챘어도 바꿀 생각이 없어서 그러는 건지. '협업 잘하는 방법' 방송에 출연한 전문가의 말처럼 목표에 공감해야 한다는 기대는 이번에도 어긋나 밋밋한 영상이 도착했다. 상대방을 존중해야 한다고도 전문가는 말했는데, 지난주와 같은 피드백을 또 쓰며 나에 대한 존중이 전혀 없기에 외주 PD는 자신의 방법만 고수한다는 생각이 들었다. 결국 수정 사항을 전달하며 참고 참은 말을 뱉었다.

"일하는 방식이 저를 너무 힘들게 하는 거 아세요?"

"제 일하는 방식 때문이 아니라 책임님이 일에 대한 욕심이 과해서 힘든 거예요."

나만 잘하면 일을 잘할 수 있다고 생각한 적은 없다. 협업은 기본이니까. 좋은 협업자를 만나기를 바랐고, 내가 좋은 협업자가 되려고 애썼다. 협업할 때는 상대의 목표를 내 목표로 인지했고, 상대가 성과를 내기 위해 나는 어떤 도움을 줄 수 있을지를 고민했다. 내 업무 태도가 상대방에게도 영향을 미치기에 열정적이고 긍정적인 태도를 유지하려 했다. 또한 부정적인 피드백을 받으면 기분이 좋지는 않았지만 성장의 계기가 되기에 수용하려 노력했다. 하지만 외주 PD는 내가 지금껏 협업했던 방식과 정반대로 일했다. 함께 시너지를 내는 협업이 아니라 자신의 방식을 고수하며 내 에너지만 훔쳐 가는 협업이었다. 시간이 빨리 흐르기만 바랐다. 1년이 지나 외주 PD가 바뀌는 것만이 유일한 해결책이었다.

다행히 1년까지 기다리지 않아도 됐다. 외주 PD가 육아 휴직을 냈다. 여전히 외주 PD는 별로였지만 일을 잘 마무리하는 것도 중요하기에 이별 식사를 권했다. 어차피 헤어지는 관계. 좋은 게 좋은 거라며 일 이야기는 쏙 빼고 육아 이야기만 나눴는데 외주 PD가 굳이 피하던 화제를 꺼냈다.

"제가 많이 힘들게 한 것 알아요. 저는 번아웃 될까 봐 책임님이 바랐던 만큼은 일할 수 없었어요. 몸도 생각해야죠. 책임님처럼 계속 그렇게 일하다가는 나가떨어질 거예요. 너무 무리하잖아요. 과하게 말고 적당한 것도 필요해요."

그날도 나는 도무지 나아지지 않는 감기를 달고 있었다. 외주 PD와 일하는 내내 늘 나는 맞고 그는 틀렸다고 생각했는데, 처음으로 의구심이 생겼다. 야근은 최종 수정을 해야 하는 방송 송출 전날에만 한다는 다짐을 지키려 애쓰고, 높은 완성도보다 시간 효율을 중요시하던 그에게 맞는 부분이 있을지도 모른다는 생각이 들었다.

과하지 않아야 한다면 외주 PD가 말했던 적당히는 맞을까. '적당히'는 '정도에 알맞게'라는 뜻이 있지만 '엇비슷하게 요령이 있게'라는 뜻도 있다. 대충과 유사어로 이건 내가 지향하는 태도는 아니다. 일을 가볍게 여기니 대충하게 될 텐데, 내가 좋아하는 일은 절대 가볍지 않다. 나를 성장하게 하고 나를 열정적으로 만드는 일은 진지하고 묵직하다. 그래서 진심을 쏟는 것이고.

한 달이 다 되도록 멈추지 않는 기침을 하며 '적당히' 대신 '건강하게'라는 말을 떠올렸다. 지금껏 젊다며 건강을 걱정한 적이 없었다. 코피가 나도 입술에 물집이 생겨도 감기가 도무지 나아지지 않아도 별일 아니라며 넘겼다. 몸 건강만 걱정하지 않았을까. 마음 건강도 살피지 않았다. 지치고 버거운 마음도 의지가 약해져 그렇다며 파이팅만 외쳤다.

'과하게' 대신 '건강하게' 일하기로 한다. 감기에 차도가 없다면 야근을 줄여 휴식을 늘리고, 일이 뜻대로 진행되지 않아 지친다면 괜찮다고 그럴 수도 있다고 마음을 다독여 보기로 한다. 매번 과하게 일하는 것을 열정적이라며 당연하게 여기던 내가 처음으로 '몸도 마음도 살피며 건강하게 일하겠다.'라는 낯선 다짐을 했다.

○

몸 건강만 걱정하지 않았을까. 마음 건강도 살피지 않았다. 지치고 버거운 마음도 의지가 약해져 그렇다며 파이팅만 외쳤다.

여유로운 삶은 지루하지 않을까?

Q
여유로운 삶은
지루하지 않을까?

휴직 결심이
이렇게 힘들 줄이야

 아이는 하루가 다르게 자랐다. 몸으로 표현하던 감정을 말로 표현하게 됐고, 그 표현은 점점 더 정교해졌다. 아이의 마음을 짐작으로 알아채야 하는 일이 줄어 육아는 더 쉬워질 줄 알았지만, 꼭 그렇지만은 않았다. 직선으로 닿는 아이의 마음이 생채기를 냈다.
 "오늘 또 늦어?"
 "엄마는 왜 만날 늦게 와?"
 "엄마는 나보다 회사가 더 좋은 거지?"
 "사랑하면 같이 있어야 하는데 왜 만날 따로 있어?"

아빠와 하원해 함께 보내는 평일 저녁 시간을 당연하게 여기던 아이는 그 시간을 점점 못마땅하게 여겼다. 사무실에서 영상 통화를 하면 "아빠랑 엄마랑 셋이 놀고 싶다."라며 영상으로라도 같이 놀자고 전화를 끊지 않았다. 출근길에 오늘 야근이라 미안하다고 꼭 안으면 팩 몸을 돌려 내 품에서 벗어났다. 그래도 주말에는 엄마가 재밌게 놀아주지 않느냐고 하면 유치원도 쉬는데 회사에 안 가는 건 당연한 거라며 나를 뾰족하게 쳐다봤다.

아이는 야근하지 말라는 말만 했지만, 남편은 수위를 높여 육아휴직을 말했다. 비교적 정시 퇴근이 어렵지 않고 집 근처 직장에 다니기에 아이의 등하원을 비롯한 평일 육아 담당자는 남편이었다. 나는 집안일을 맡고 남편은 육아를 맡는 구조가 안정적인 조합이라고 생각했는데 그는 지쳤다고 했다. 회사에서 육아가 우선인 가정적인 남자로 불렸지만, 연차는 높아가고 책임이 늘며 정시 출근, 정시 퇴근 사수가 힘들다고도 했다.

상황이 나아질 거란 기대라도 있으면 남편도 덜 지쳤을 텐데, 6년 만에 부서를 옮긴 나는 외려 야근이 늘었다. 그것도 매번 남편이 잠든 뒤 귀가했다. 내가 아무리 조심해도 잠귀가 밝아 안방 문 여는 소리에 잠이 깬 그는 이제 잠까지 설쳤다. 일하고 육아하고 잠까지 설치는 일상이 괜찮을 리 없었다. 남편은 이건 아니라며 '제발'이라는 수식어를 붙여 육아휴직을 바랐다.

출산 후 출산휴가만 쓰고 바로 회사로 복귀했다. 그 당시 바라던 프로젝트의 리더를 맡아 의욕에 넘쳤다. 내가 건의하고 구상해 만들게 된 시스템 구축 프로젝트였다. 출산휴가 가기 전 시스템 요건을 확정하고, 출산휴가 동안 정해둔 요건대로 개발자들이 시스템을 개발하고, 복귀해서 테스트를 거쳐 시스템을 오픈하면 됐다. 게다가 친정 부모님도 어린이집 입소 전까지는 아이를 키워주겠다고 하니 출산휴가면 충분했다. 덕분에 육아휴직 1년이 고스란히 남았다.

육아휴직을 쓰지 않겠다는 뜻은 아니었다. 아이의 한 시절을 온전히 함께 보내고 싶었고, 나도 안식년을 누리고 싶었다. 다만 그 최적의 시기를 아이가 초등학교에 입학하는 여덟 살로 생각했다. 언론에서 자녀 초등학교 입학 시기를 '워킹맘의 무덤'이라고 칭했는데, 여기서 살아남을 나만의 대비책이 육아휴직이었다.

"나 인사발령 소문이 도네."

남편이 가슴 철렁한 말을 꺼냈다. 10년 동안 한 부서에서 근무하며 정시 출퇴근이 쉬웠던 그는 새로운 부서에 가면 어려울 것이라는 경고까지 했다. 이제 아이는 일곱 살이라 아직 육아휴직을 쓰기는 일렀기에 남편의 경고를 무시했다. 육아휴직을 고민하는 것 자체가 버거워 육아휴직이란 말을 외면했다.

휴직하는 동안 '일 잘하는 직원'이 되기 위해 지금껏 쌓아온 공든 탑이 와르르 무너질 것 같았다. 다시 돌아와 무너진 탑을 복구하기 위해 지금보다 더 애써야 한다면 차라리 무너지지 않게 두는 것이 나았다. 아이디어는 뚝뚝 끊어지는 것이 아니라 흐르는 생각 속에 솟아나는 것이기에 흐름을 끊기도 겁났다. 게다가 트렌드에 민감해야 하는데 육아만 하는 생활은 벼려진 감각을 무디게 할 것 같았다. 여기에 일 잘하는 후배들에게 밀릴 것이라는 불안함도 한몫했다. 휴직은 꼭 후퇴로 보였고, 한번 후퇴는 영원한 후퇴가 될 수도 있었다.

"엄마, 내가 자다가 엄마 자리를 만졌는데 엄마가 계속 없어서 불안했어."

나는 회사에서 일어나지도 않은 일로 불안해했는데, 아이는 침대에서 빈 옆자리를 불안해했다. 어떤 날은 내 불안이 더 크게 와닿았고, 어떤 날은 아이의 불안이 더 크게 와닿았다. 과하게 일하지만 않으면 괜찮지 않을까. 야근을 줄

여보려 고민했지만, 이미 야근을 많이 하도록 짜인 상황을 바꾸기는 쉽지 않았다.

어떤 결심도 하지 못하고 갈팡질팡하는 나를 보다 못했는지 하늘에서 결정을 내렸다. 소문이 현실이 된 것. 남편이 인사이동을 했다. 어린이집에서 유치원까지 등하원을 전담하며 평일 육아를 책임졌던 남편이 승진과 함께 부서를 옮겼다.

인수인계가 끝나자마자 남편은 7시 30분에 출근했다. 내가 7시 30분에 집을 나서면 그는 아이와 함께 8시에 집을 나서던 4년 넘는 루틴이 깨졌다. 다행히 유치원이 7시 30분에 문을 열어 아이는 1등으로 등원했다. 문제는 여기가 끝이 아니었다. 익혀야 할 업무가 많아 그도 야근해야 했다. 아이를 하원 시킬 사람이 없었다.

육아휴직 압박이 목을 죄어왔지만 엄마와 시어머니께 SOS를 요청하며 결정을 미뤘다. 나를 당당하게 만드는 성취를 놓을 수가 없었다. 누구의 딸, 아내, 엄마가 아닌 오롯한 내 이름으로 누리는 인정을 포기하기 싫었다.

"그 회사를 천년만년 다닐 거야?"

남편은 왜 회사에서의 나를 내 이름의 전부라고 생각하느냐 물었다. 어차피 평생직장도 아닌데 다른 일을 모색해보는 기회로 육아휴직을 활용하라고 제안했다. 티도 안 나게 살짝 고개가 끄덕여졌다.

"그동안 시간 없어서 못 한 것 많잖아. 여행도 가고, 운동도 하고, 글쓰기 강좌도 듣고. 쉬면서 자기 계발도 하는 거지. 능력이 더 출중해질지 누가 알아."

분명 아이에게 좋은 육아휴직인데 남편은 자꾸 내게 좋은 것으로 나를 꾀었다.

"그럼 선유는 누가 보고?"

"유치원 있을 때 네가 하고 싶은 일 하면 되지. 선유 때문에만 육아휴직 쓰라는 거 아니야. 너도 안쓰러워. 지금도 감기잖아. 넌 좀 쉴 필요가 있어."

남편의 말이 다 맞았다. 건강하게 일하겠다고 다짐했지만 다짐은 실천으로 이어지지 못했다. 관성을 벗어나지 못하고 계속 과하게 일했다. 아예 끊어내지 않으면 일중독에서 벗어나기 어려워 보였다. 얕은 고갯짓이 점점 깊어졌다. 맞는 말 향연에서 결정적인 한 마디는 아이가 했다.

"엄마, 내가 재밌게 놀아줄게. 엄마랑 오래오래 같이 놀면 너무 행복할 것 같아."

노는 것처럼 재밌는 게 없는데 노는 것을 무서워하는 엄마가 아이는 불쌍하다고 했다. 남편에게는 안쓰럽고 딸에게는 불쌍한 나. 회사에서만 당당하면 뭐 할까. 가족에게는 측

은하기만 한데. 지금까지는 회사에서 당당했으니, 이제는 가족에게도 당당해져야 하지 않을까. 엄마가 없어서 불안하다는 아이에게 늘 곁에 있어 주는 행복도 느끼게 해주고 싶었다. 내게도 아이에게도 좋은 육아휴직이 될 거란 기대가 차츰 자리를 넓혔다.

고작 1년이다. 10년 넘게 다져온 '일 잘하는 나'의 이미지가 1년 만에 무너질 리 없다. 그동안 넘치도록 최선을 다했던 시간을 믿어보기로 했다. 회사가 어디 쉽게 바뀌냐며 복귀하면 휴직이 아닌 휴가 복귀 정도로 여겨질 거라는 선배들의 말을 붙잡아 보기로 했다. 선배처럼 열심히 일하던 사람이 휴직하고 돌아와 잘 다니는 모습을 보면 희망이 될 거라는 후배들의 말을 손에 꼭 쥐었다. 육아휴직이 당연한 사회로 바뀌고 있다는 동기들의 말도 마음에 쏙 넣었다.

회사에서의 내 자리는 괜찮을 것이라 애써 위안하며 육아휴직을 결심했다. 1년을 꽉 채우지 않고, 고과 평가 기간 시작에 맞춰 돌아오는 9개월의 육아휴직이었다. 복직 후 손해 보지 않고 고과를 챙기겠다는, 끝까지 일에 대한 미련을 버리지 못한 결정이었다.

이번에는
진짜 쉬어 보려고요

육아휴직을 쓴다는 내게 사람들은 두 가지를 물었다.

"아직 일곱 살이잖아. 초등학교 입학 때 쓰지 애매하게 왜 지금이야?"

"휴직하고 뭐할 건데?"

질문은 두 가지였지만 답은 하나였다.

"유치원은 결석이 자유롭잖아. 선유랑 마음껏 놀려고."

사실 정확히 말하자면, '남편이 부서를 옮겨 더는 아이 등하원을 담당하지 못하게 돼서'였지만 이렇게 답하기는 싫었다. 너도 결국 육아에 무너진다며 측은한 시선을 받을 것만 같았다. 남편과 아이 때문이라고 핑계 대면 복직한 뒤 육아휴직이 내게 불이익을 줄 때 남편과 아이 탓을 할 것만 같았다. 이왕 하기로 한 휴직이라면 나와 아이가 같이 놀기 위해서라고 산뜻한 포장을 씌우고 싶었다.

고개를 살짝 치켜들고 쿨하게 답했지만 눈동자는 흔들렸다. 성취와 멀어져 뒤처질까 불안하고, 상황에 등 떠밀린 기분을 지우지 못해 남편과 아이 탓을 할까 불안하고, 지금껏 못 해도 괜찮았던 살림을 척척 해내야 할 것만 같은 의무감에 불안했다. 마음껏 놀겠다는 말은 사실 주문과도 같았다. 일이란 목표가 사라진 자리에 육아와 집안일을 채워 넣고 육아 전문가, 살림 전문가가 되려고 애쓸까 봐 그러지 않겠다는 주문이자 아무 목표 없이 그냥 놀겠다는 다짐이었다.

마음껏 놀겠다는 말은 근사했지만, 두루뭉술했다. 무엇을 하며 놀 것인지가 비어있었다. 밀린 잠부터 자야 하나, 놓친 드라마부터 봐야 하나. 여행도 하고 싶고, 운동도 하고 싶고, 전시도 보고 싶고, 배우고 싶은 것도 많은데. 해야 할 많은 것을 떠올리며 이게 정말 노는 걸까 묻게 됐다. 쉼을 선택했음에도 무엇인가 해야 하는 강박에 시달리고 있는 것은 아닌지. 그렇다고 바람 빠져 축 늘어진 풍선 인형은 내가 그리는 모습이 아닌데. 어떻게 놀아야 할지를 몰라 마음이

어수선했다.

"휴직해야만 할 수 있는 걸 고민하세요!"

뭐하지, 뭐하지, 뭐 하고 놀지. 같은 고민을 반복하는 내게 후배가 팁을 줬다. 하고 싶은 것을 하나하나 들여다보니 장기 여행이 정답이었다. 파리에서 3주는 어떨까. 발리에서 3개월은 어떨까. 이리저리 떠돌던 마음은 제주에 닻을 내렸다. 호흡기가 약해 병원을 자주 찾는 아이의 건강이 걱정됐고, 해외에서는 관광에 함몰돼 쉼과는 거리가 먼 여행을 할 것 같았다. 관광을 전면에 내세우지 않아도 괜찮은 제주가 마음껏 놀겠다는 휴직자에게 제일 어울리는 여행지라 여겨졌다.

제주를 지금까지 열 번 다녀오며 쌓인 믿음이 있었다. 섬이 주는 고립감이 일, 성취, 효율, 최선과 같이 지금껏 나를 이끌던 가치관에서 나를 떨어뜨려 놓아줄 것이라는 믿음. 하늘, 바다, 오름, 곶자왈이 저절로 나를 느긋하게 해줄 것이라는 믿음. 백화점이나 쇼핑몰이 없으니 물질적 욕구와 멀어져 수입이 줄었음에도 초조해하지 않을 것이라는 믿음. 서울에서와는 전혀 다른 결의 삶을 기대하며 한 달간의 제주 여행을 계획했다.

사실 여행은 내가 제일 좋아하는 놀이다. 호기심 많은 나를 즐겁게 자극하고, 일에 몰두한 나를 일과 분리해 이완시

켰으니까. 하지만 이번 장기 여행에서 기대하는 바는 평소 휴가를 써서 여행을 가던 때와는 달랐다. 호기심 충족은 뒤로 미뤄두고 이완된 나로 살아가는 일상을 배웠으면 했다. 바쁨의 정점에 서 봤으니 휴식의 정점에 서 봐도 되지 않을까. 그렇다고 나태해지기는 싫었다. 여유롭지만 부지런히 여행지를 돌아다니며 느긋하면서도 게으르지 않게 일상을 살아갈 방법을 깨닫고 싶었다.

지금껏 제주 여행에서는 모든 밥을 사 먹었고, 청소는 한 적이 없었으며, 빨래는 수영복을 헹군 것이 전부였다. 남의 집에서 남의 밥을 먹으며 집안일에서의 해방을 누렸다. 하지만 한 달 여행에서는 그럴 수 없었다. 육아휴직 수당이 있다지만 월급도 나오지 않는데 흥청망청 돈을 쓸 수는 없는 일. 여행 경비도 줄이고 여행과 일상의 경계도 모호하게 하려고 한 달 동안 한 숙소에 머무르기로 했다. 식사도 점심만 사서 먹고 아침과 저녁은 직접 해 먹을 계획을 세웠다.

숙소에서는 입실 전과 퇴실 후에만 청소해 주고, 수건도 챙겨주지 않았다. 직접 끼니를 해 먹어야 하고, 청소도 빨래도 내 몫이기에 챙기는 짐부터가 달랐다. 프라이팬을 넣었고, 세숫대야도 챙겼다. 매번 밖으로만 나다닐 수는 없으니 동네에서 타고 놀라며 아이의 킥보드도 챙겼다. 휴가인 듯 떠나며 이사인 듯 짐을 챙겼다. 살림을 위한 짐 외에도 글을 쓸 노트북, 읽을 책, 음악을 위한 블루투스 스피커, 좋아하는 홍차 티백 등 나를 위한 놀잇감도 빠뜨리지 않았다.

이완된 나로 느긋함을 찾아 떠난다고 하면서도 한 달이란 시간을 시뮬레이션하며 엑셀로 짐 목록을 작성했다. 여행지는 전날 저녁이나 당일 아침에 마음 끌리는 곳으로 가겠노라 했으면서도 꼭 가보고 싶은 곳을 지도에 표시했다. 꼼꼼하게 정리된 엑셀 파일과 지도를 보며 목표 없이 마음껏 노는 건 불가능한 게 아닌지 어깨를 움츠렸다.

그동안 목표라는 말을 일로만 연관 지어 생각했던 탓에 일을 쉬게 되니 당연히 목표도 없어야 한다고 여겼다. 무슨 행동이든 목표가 없을 리 없는데 생각이 짧았다. 휴식에도 휴식 뒤에 생산성을 높이겠다거나 평온한 감정 속에 행복을 느끼고 싶다는 목표가 있는 거니까. 목표 없이 마음껏 놀겠다는 생각을 버렸다. 느긋하면서도 게으르지 않게 사는 법을 배우고 싶다는 바람을 방향이나 희망 정도로 모호하게 두지 않고 선명한 목표로 정의했다.

아이를 돌보기 위해 쓰는 육아휴직이지만, 나도 돌보는 육아휴직이 되자는 목표도 더했다. 일하는 시간이 제일 가치 있다고 여기며 살았던 나에서 일하지 않는 시간도 가치

있게 보내는 나로, 여유를 불안해하던 나에서 여유를 제대로 누리는 내가 되기를 바랐다. 나를 돌보는 핵심을 온전한 휴식에 뒀다. 지금껏 쉬면 불안하고 여유를 게으름으로 생각했던 내가 제대로 된 쉼을 아는 사람이 되길 바랐다. 휴식의 정점에 서고자 했으면서도 불안한 마음에 가방에 넣었던 자기계발서를 뺐다.

  목표가 생기니 마음이 급해졌다. 한번 늘어지기 시작하면 계속 늘어지게 되리라. 휴직하고 나면 내일도, 모레도 시간은 넘치니 모든 일을 다음 날, 그다음 날로 미루리라 짐작됐다. 틈을 주면 안 됐다. 늘어지고 흐트러지기 전에 망설이지 말고 떠나야 했다. 육아휴직 전 마지막 출근을 금요일에 하고 다음 날인 토요일에 제주로 떠나는 배편을 예약했다.

비효율이 주는 행복

"서광서리 감수광?"

다가오는 버스마다 할머니 한 부대가 우르르 몰려갔다. 화난 사람처럼 소리를 지르며 기사에게 각자의 목적지를 물었다. 어떤 할머니는 기사의 끄덕이는 고갯짓에 버스에 오르고 어떤 할머니는 가로젓는 손길에 한숨을 쉬며 다시 정류장 의자로 돌아왔다. 버스 번호체계, 버스노선 등 제주 대중교통이 전면 개편된 지 열흘째였다.

"너 운전 못 하잖아?"

육아휴직을 하자마자 제주에 한달살이하러 간다고 했을

때 지인들은 같은 질문을 했다. 남편도 없이 그것도 일곱 살 딸과 함께 결정적으로 차도 없는 상황에서 제주 여행이 가능하겠냐는 걱정이었다. 운전면허를 먼저 따고 가라는 잔소리는 그동안 면허도 안 따고 뭐 했냐는 타박으로 이어졌다. 듣는 내게서 별 반응이 없자 지인들의 걱정은 운전 못하는 엄마 때문에 아이가 고생하겠다는 체념으로 끝났다.

생각해 보면 차 없이 제주를 여행하는 게 그리 어려운 일은 아니다. 말이 잘 통하지 않는 외국에서도 렌트 한 번 하지 않고 대중교통으로 잘만 여행했다. 자유자재로 의사소통이 가능한 제주는 걱정할 필요가 없다. 제주 한 달 살기의 시작과 맞물려 개편된 제주 대중교통은 오히려 내게는 호재였다. 대중교통 활성화를 위해 버스노선 정비와 함께 제주 대중교통만을 위한 애플리케이션이 만들어져 편리했다.

물론 서울의 편리함과는 달랐다. 들쑥날쑥 배차간격에 적응하기까지는 시간이 좀 필요했다. 통상 일주 버스라고 불리는 극소수 번호의 버스만이 배차간격을 15~20분으로 유지하고 있었고 보통은 50분을 각오해야 했다. 모든 시간대에 50분의 배차간격을 유지하지도 않았다. 출근 시간대를 벗어나면 두 시간을 기다려야만 하는 버스도 있었다.

보통 하루에 한 곳을 여행했는데, 여행지는 전날 저녁 아이가 여행 책자에서 골랐다. 이렇게 정해진 이날의 여행지는 노리매였다. 아이가 여행지를 정했으니 나는 버스노선과 배차간격을 확인했다. 8시 35분 버스를 타지 않으면 다음 버스는 11시에 있었다. 11시에 맞춰 이동할까 고민하다 아침에 서두르기로 했다. 한낮의 관광은 아직 너무 더운 9월 초였다.

제주 한달살이 9일 차, 제주에 와 처음으로 알람을 맞추고 잤다. 아이도 무리 없이 일어나 계획대로 버스 타러 나갈 준비를 했다. 하지만 일찍 일어난 아이는 일찍 일어났으니 일찍 나가겠다가 아닌 일찍 일어났으니 더 많이 놀다가 나가겠다며 뒹굴뒹굴 책을 읽었다. 급한 마음에 다그치기도 하고 거의 틀지 않던 TV까지 틀었으나 통하지 않았다.

편해문 아동문학가는 '하고 싶은 것을 하게 하고 하기 싫은 것은 하지 않게 하는 것이 놀이'라고 했다. 신나게 놀러 온 제주에서 하기 싫은 것을 억지로 하게 할 수는 없었다. 조바심을 내려놓고 아이와 보조를 맞췄다. 나도 내 책을 폈다. 한참 고요하던 방에서 아이가 소리를 냈다. 이제는 나가고 싶단다. 오늘의 계획보다 한 시간 늦은, 매번 집을 나서던 때와 비슷한 시간이었다.

처음 계획대로 버스를 탔더라면 노리매까지는 1시간 17분을 예상했다. 하지만 이제는 다른 선택을 해야 했다. 아이에게 다른 여행지를 가면 어떻겠냐고 물었지만 이미 무엇을 보고 올 것인지 직접 계획까지 세운 뒤라 마음을 바꾸지 않았다. 시간이 오래 걸릴 텐데 괜찮겠냐는 걱정에 멋진 여행가는 오래 걸려도 용감하게 가는 거라며 자신을 따라오라고 했다.

아이가 덜 힘들도록 한 번만 갈아타는 버스 노선을 찾아 뒀는데, 이제는 두 번을 환승해야 했다. 월요일 오전의 한라병원 앞 버스정류장에 섰다. 두툼한 약봉지를 손에 든 할머니들로 정류장은 분주했다. 제주 입항 후 처음으로 도심권에 들어오니 정신이 없었다. 높은 건물들에 시선이 가리자 답답했고 차가 도로를 꽉 채우고 있으니 신경이 곤두섰다. 게다가 할머니들의 고성까지 더해져 미간이 좁아졌다. 딱딱하게 입매를 굳힌 나를 보며 아이가 조심스레 질문했다.

"감수광이 뭐야?"

땍땍거리는 고성이라고만 생각했던 할머니들의 목소리에서 아이는 말을 찾았다. 지금까지 짜증만 내며 바라보던 상황이 아이 질문 하나에 달리 보였다. 왜 저렇게들 몰려가 질문을 하실까. 이번에도 버스에 오르지 못하고 다시 의자로 돌아오신 할머니께 물었다.

"어디까지 가세요?"

"서광서리. 다 바껴서 도통 몰라 마씸."

애플리케이션을 검색해 버스 번호를 찾아 알려드렸더니 약 봉투에 적어 달라고 하셨다. 버스 번호 안내양으로 소문이 난 나는 그 뒤로도 할머니 네 분의 버스 번호를 확인해 드렸고 모두 나보다 앞서 같은 인사를 남기며 버스에 오르셨다.

"고맙수다!"

아직도 오지 않는 우리가 타야 할 버스. 이번에는 젊은 사람들이 쭈뼛쭈뼛 다가왔다. 중국인이었다. 가야 할 여행지를 표시한 지도를 내미는데 영어도 도통 알아듣지 못해 버스 번호를 적어주고 배차간격은 그림으로 설명했다.

"엄마 진짜 친절하다. 정말 멋져. 엄마는 제주 버스 박사야. 최고!"

한라병원 버스정류장은 내려야 할 정류장을 놓쳐 헤매다 도착한 곳이었다. 여기서 우리는 30분을 기다려야 했다. 분명 신경질 내고 투정을 부려야 할 아이는 엄마의 활약상에 빠져 기다림을 즐겼.

8시 50분에 집을 나선 우리가 노리매에 도착한 시각은 11시 20분이었다. 서울에서 대전까지의 시간이 걸렸다. 시간이 돈이라는 세상에서 비효율도 이런 비효율이 없었다. 시간만 허비한 것도 아니고 에너지까지 훌쩍 달아버렸으니 여행지는 제대로 볼 수나 있을까 싶었지만 괜한 걱정이었다. 아이는 경쾌하게 웃었고, 산뜻하게 걸었다. 계획대로 딱딱 맞아떨어지는 것이 완벽한 여행이라 여겼는데 아니었다. 계획대로 되지 않아 더 즐거운 여행이 됐다.

할머니들께 "아꼽다_귀엽다_.", "요망지다_야무지다_."라는 말을 들으며 제주어에 호기심이 생긴 아이는 이날 이후 곳곳에서 만나는 할머니들께 먼저 인사하고 말을 건넸다. 일곱 살 아이가 제주어를 흉내 내며 "할망, 고맙수다!"라고 하고, "할망도 요망져요!"라고 하는 모습에 노리매를 가며 헤맨 여정은 여행을 더욱 풍요롭게 만든 행운이 됐다. 재촉하지 않는 마음이 제주 할머니들을 길동무로 만들었고 단둘이 하는 여행을 여럿이 함께하는 여행으로 확장시켰다.

버스를 타고 여행하며 우리는 많이 걸어야 했다. 목적지에 일찍 도착해야겠다는 마음으로 앞만 보고 걸었다면 내가 무면허임을 한탄했겠지만 아니었다. 느릿느릿 걸으며 하늘과 바다와 숲과 땅을 눈에 담았다. 지치지 않기 위해 노래를 부르고 웃기 위해 춤도 췄다. 느슨한 목적지가 마음에 들었고, 천천히 가는 걸음이 기쁨이었다. 시간도 더 쓰고 거리도 더 멀리 돌아가는 비효율 속에 행복이 커졌다.

물론 자가용으로 하는 여행보다 더 부지런해야 했다. 지도를 수시로 찾아봐야 했고 일부러 맛집을 찾아가기는 어렵기에 걸으며 식당도 찾아야 했다. 더 많이 살피고 더 많이 움직였다. 그렇다고 바쁘게 종종 걷거나 뛰지는 않았다. 아이와 보폭을 맞추며 걸었고 차근차근 살폈다. 지쳤을 때는 그늘이나 카페에 앉아 스케치북을 꺼내 그림을 그렸고, 헤맬 때는 길은 다 연결된다며 더 씩씩하게 움직였다. 느긋한 부지런함이 가능함을 제주 한달살이를 하며 깨달았다.

노리매에서 돌아오는 길은 수월했다. 버스정류장에 서자마자 버스가 도착했고, 환승 정류장에서도 10분만 기다리면 됐다. 버스에 오르자 꾸물거리던 하늘은 숙소 앞 버스정류장에 도착해서야 부슬비를 뿌렸다. 더위를 식히는 비가 반가운 아이는 자연에서 키운 넉넉한 마음으로 반짝이는 생각을 꺼냈다. 제주에 와서 가르쳐준 '바람이 불어오는 곳' 노래를 개사한 것. 아이의 목소리가 하늘로 퍼지고 나도 이어 부르며 하루를 마무리하는 우리의 발걸음은 여전히 경쾌했다.

비~가 내리는 곳
우리는 집으로 가네
엄마의 품속 같은 침대 속으로

덜컹이는 버스에 내려서

너와 함께 노래를 한다

꿈에 보았던 길 그 길에 서 있네

흘러가는 대로 두는 날들

　창 너머 보이는 바다로 해가 조금씩 잠겨 드는 저녁. 마당에서 아이는 친구들과 킥보드를 탔다. 창밖에서 들려오는 경쾌한 웃음소리에 저녁 준비를 하다 말고 커피포트에 물을 끓였다. 따뜻한 홍차 한 잔을 손에 들고 마당으로 나섰다. 신나게 뛰노는 아이들의 볼이 붉고, 내 손에 들린 찻잔이 붉고, 그 위로 펼쳐진 하늘이 붉은 저녁. 제주 한달살이를 떠올리면 제일 앞서는 기억이다.

　서울에서는 창 너머로 어둠이 밀려드는 저녁이면 모니터 두 개가 나란히 놓인 편집실에 있었다. 스피커로 들려오는 사람들의 소리는 키보드 위에서 바삐 움직이는 손과 함께 되감겼다 앞으로 감겼다 잘렸다 붙여졌다하며 선명한 메시지를 만들었다. 회색 벽으로 둘러싸인 방 안에서 모니터가 쏘는 인공적인 빛을 마주했지만 다수에게 가치를 전하는 영상을 편집하며 의미를 찾았다. 제주에서는 시간을 의식하지 않아도 되어 느긋했고 서울에서는 시간을 쪼개 쓰며 보람됐다. 비슷한 시간대를 전혀 다른 방식으로 보낸 경험은 어떻게 사는 것이 내게 더 행복한지 고민을 안겼다.

  서울에서는 아침마다 숨이 찼다. 정해진 시간 안에 아이를 깨워 식탁에 앉혀 놓고 출근해야 했기에 늘 다급했다. 방문을 열며 "선유야, 일어나!", 침대에 올라가 뽀뽀하며 "일어나야지.", 다리를 주무르며 "이제 일어날 시간이야.", 침대를 내려오며 "자, 진짜 일어나자!". 이렇게 해도 아이가 일어나지 못하면 침대에 다시 올라가 팔을 당겨 억지로 몸을 일으켰다. 휴일에 아이와 함께 놀이터에 가서도 도착하자마자 숨차게 돌아갈 시간을 정했다. 이미 만성피로에 시달리는 나는 아이가 놀다 지칠 때까지 기다려 줄 여유가 없었다. 되도록 빨리 집으로 돌아가 쉬고 싶었다.

  제주에서는 정해진 시간에 반드시 가야만 하는 곳이 없기에 알람을 맞추지 않고 자연스레 눈이 떠지는 시간을 기다렸다. 여행지에 가서도 몇 시에는 이동해야 한다며 제약을 두지 않았다. 아이가 집으로 돌아가자고 할 때를 기다렸다.

에코랜드에서 우리는 여섯 시간을 머물렀다. 특히 화산송이로 포장된 생태탐방로에서 세 시간가량을 보냈다. 숲 탐험 놀이를 하느라 중간중간 너무 많이 멈춘 덕분이었다. 나무 이름을 찾고, 막대기를 줍고, 곤충을 찾고, 흙을 만졌다. 끝말잇기를 하고 노래 이어 부르기를 했다. 느긋했더니 걸으면서 할 수 있는 놀이가 끊임없이 등장했다. 사실 숲 탐험 놀이의 최고 난도는 역할 놀이였다. 엄마와 아이가 숲 탐험을 떠난 것이 아니었다. 나는 한창 인기 있던 어린이프로그램의 남자 주인공이 되고, 아이는 여자 주인공이 되어 떠나는 탐험이었다.

역할 놀이는 끊임없이 맞장구를 쳐야 하고 설정된 상황을 놓치면 안 되기에 에너지가 많이 필요했다. 건성건성 할 수 없는 놀이이고 끝도 정해지지 않은 놀이라 아이가 제일 좋아하는 놀이임에도 나는 하지 않으려 애썼다. 하지만 제주에 와서는 걷기 싫어하는 아이를 걷게 하려고 내가 먼저 역할 놀이를 권했다. 처음에는 '놀아준다.'라는 마음이었는데 하다 보니 나도 빠져들었다. 엄마와 아이라는 수직적 관계가 역할 놀이에서는 친구와 친구라는 수평적 관계로 전환되며 지적과 재촉이 끼어들지 못했다. 그 사이로 자연스레 더 많은 웃음이 생겼다. 곤충이라면 질색하는 내가 용감한 남자 어린이가 되어 한 손에는 돋보기와 한 손에는 나뭇가지를 들고 곤충을 찾아 흙바닥을 샅샅이 살피다니! 까르르 웃음이 터졌다. 어른이 되어 잊고 있던 놀이 감각이 스멀스멀 되살아났다.

중간 지점에 있는 화산 송이 맨발 체험장에서는 아이와 나란히 의자에 누워 귀로는 음악을 듣고 눈으로는 그늘을 드리운 나무를 봤다. 음악에는 새소리가 섞이고 나무에는 바람의 움직임이 섞였다. 걷는 것도 쉬는 것도 그냥 흘러가는 대로 두는 느린 속도지만 지루하지 않았다. 오히려 아이의 시선을 따라가며 아이를 더 잘 이해하게 됐고, 그 장소를 더 깊이 들여다보게 됐다. 느려서 편안했고 느긋해서 재밌었다.

그럼 느긋한 제주는 맞고 바쁜 서울은 틀린 걸까. 이분법적 사고를 하지 않으려 했지만 육아에서만큼은 느긋함이 옳았다. 아이는 밤이 되면 짧은 일기를 썼는데 재미있었다는 말이 빠지지 않았다. 이날 일기에서도 '오늘은 에코랜드에 갔다. 누워서 음악 듣기 하는 게 제일 재미있었다. 숲속 탐험도 재미가 있었다. 다음에 또 와야겠다.'라고 썼다. 하고 싶은 것을 마음껏 했으니 재미는 당연했다. 아이만 재밌었을까.

같이 어린이가 된 나도 소리를 내 많이 웃은 하루였다.

  아이는 에코랜드만이 아닌 제주항공우주박물관에서도 여섯 시간을 머물렀다. 여기서 아이는 '하고 또 하고'의 달인이 됐다. 비행기를 직접 탈 수 있는 체험 공간이 있었는데 기다렸다 타고 기다렸다 또 타고를 반복했다. 조정석 자리에 앉아 계기판을 살펴보는 것이 전부인데도 복잡한 계기판을 다 외우기라도 할 것처럼 몇 번을 다시 앉았다. 줄 서서 기다리는 것도 마다하지 않고. 이것뿐일까. 멀티터치 테이블을 이용해 나만의 외계인 캐릭터를 만드는 체험도 세 번을 반복했다. 이 세 번이 대단한 이유는 한 번에 체험할 수 있는 인원이 10명이라 꽤 오래 기다려야 했다는 것이다.

  제주에서 처음 알았다. 이렇게 잘 기다릴 수 있는 아이라는 것과 재미있는 것이 있으면 몇 번이고 반복하는 아이라는 것을. 이날도 아이는 일기에 '오늘은 제주항공우주박물관 갔다. 외계인 만들기가 재미있었다. 오늘도 재미있게 놀았다. 아주아주 신난다!'라고 썼다. 무엇을 해야만 한다는 장벽이 사라지니 마음에는 여유가 생겼고 시간을 의식하지 않아도 됐고 기다림은 자연스러워졌다. 그 속에서 아이는 자신의 속도로 즐기며 행복을 만끽했다. 물론 나도 함께 느긋한 행복을 누렸다.

육아휴직을 하고 삶의 대부분을 차지하던 일을 멈추면, 무엇을 해야 할지 몰라 바람 빠진 풍선 인형이 될지도 모른다고 걱정했다. 하지만 일이 사라진 자리에 결이 전혀 다른 제주에서의 일상이 채워지니, 나는 제주 바람 따라 즐겁게 춤추는 인형이 됐다. 제주의 일상은 시간을 더는 쪼개 쓰지 않고 흘러가는 대로 두는 날들이었다. 시간이 자연스레 흐르자 아이의 속도와 나의 속도를 맞출 수 있게 됐고 그 과정에서 나를 향해 기울어졌던 아이와의 관계는 균형을 찾았다. 특히 느려도 되고 느긋해도 되고 쉬어도 된다고 내가 나를 내버려 두니 마음의 부대낌도 줄어 즐거운 일이 마구마구 늘었다.

서울로 돌아오니 사람들은 물었다. 제주 한달살이에서 뭐가 제일 좋았느냐고. 너무 많은 것이 좋았지만 나는 어렵게 하나를 골랐다. 기다림이 좋아졌다고. 내게 지금껏 기다림은 지루하고 못마땅한 것이었다. 매번 빠른 템포로 심박수를 높이며 살아가는 삶에서 심박수가 늘어지는 기다림은 게으른 움직임이었고 지루한 템포였다. 시간이 돈인 세상에서 기다림은 돈 낭비였고, 때론 계획을 제대로 세우지 못한 무능이었다. 하지만 제주에서 만난 기다림은 전혀 달랐다. 마음을 들여다보는 시간이었고 상대와 마음을 맞추는 시간이었으며 마음을 평온하게 하는 시간이었다. 자연스레 흘러가는 시간 속에서 억지 없이 애씀 없이 자연스러운 나로 존재하는 시간이기도 했다.

40분을 기다려 일몰 시각이 됐다. 하늘이 그리고 바다가 붉어졌다. 거센 바닷바람이 다가오지 마라 다가오지 마라 밀어내도 해는 바다로 내려왔다. 종일 이 순간만을 기다려 온 듯 해는 붉은 얼굴로 고이고이 바다를 물들였다. 바닷속으로 사라질 해를 기다리며 눈 깜빡임조차 아까워하고 있는데, 알아보지 못했던 구름 속으로 해가 사라졌다. 허탈했지만 아쉬움은 짧았다. 우리에게는 내일이 있으니까. 기다려서 맞이하는 내일의 일몰은 더 큰 감동을 줄 테니까. 제주에서 나는 기다림이 있기에 더 행복할 수 있음을 알게 됐다. 시간은 억지로 당기고 쪼개 쓰는 것이 아니라 흐르는 대로 두면 마음의 부대낌이 적은 것도 알게 됐다. 무엇보다 기다림이 못마땅하던 삶보다 기다림이 평온한 삶에서 내가 더 행복했다.

목표보다는 지금

 매일 아침 복잡한 만원 버스에 올랐다. 앉을 자리는 당연히 없고 제대로 손을 끼워 넣어 붙잡을 손잡이라도 비어있으면 다행이었다. 때론 손가락 두세 개로 몸을 지탱해야 하기도 했다. 그 복잡한 버스에서도 가만히 서 있지를 못했다. 제대로 손잡이를 잡았으면 책을 꺼내 읽었고, 손가락으로 버텨야 한다면 핸드폰으로 업무 관련 영상을 보거나 장을 봤다. 운 좋게 자리에 앉을 수 있다면 노트와 펜을 꺼내 글을 썼다. 피곤을 견디지 못하고 꾸벅꾸벅 조는 날이 아니라면 끊임없이 무엇인가를 했다. 멍하니 있는 것 자체가 자투리 시간을 효율적으로 쓰지 못하는 어리석음이었다.

자투리 시간에 대한 집착은 사무실에서도 이어졌다. 보고서 작성을 끝내고 다음 회의까지 10분이 남았다면 그 짧은 시간 동안 보고서 쓰느라 애쓴 나를 다독이며 휴식을 허락하는 것이 아닌 책상 위에 쌓인 책 중 한 권을 꺼내 펼쳤다. 읽어야 할 책은 많고 시간은 부족하니 매번 속독하거나 발췌독했다. 진득하니 한 권을 곱씹어 읽지는 못했다. 다음에 시간이 나면 다시 읽겠다는 마음은 남아서 책에는 잔뜩 인덱스 테이프가 붙었다.

제주에서는 자투리 시간이라는 개념이 필요 없었다. 시간은 쪼개고 또 쪼개서 꽉꽉 채워야 하는 대상이 아니라 흘러가는 대로 두고 그 흐름에 나를 맡기는 대상이 됐다. 그러기에 자주 멍했다. 숲에서 바다에서 때로는 숙소 창가에서 하늘을 보고 풍경을 보며 가만히 머물렀다. 무엇인가 생각하지 않으면 불안했는데 아무 생각을 하지 않아도 괜찮았다. 오히려 멍한 시간 속에서 편안했고, 휴식을 취한 생각은 홀가분해졌다. 늘 긴장하고 뭉쳐있던 어깨는 느슨하고 부드러워졌다.

제주에서도 여전히 읽고 싶은 책이 넘쳤지만 속독과 발췌독 대신 정독했다. 한 권을 펼치면 그 한 권만 읽었다. 멀티태스킹을 지향하며 여러 지식을 흡수하려던 욕심을 내려

놓고 하나에 집중해 깊이 흡수하려 했다. 좋은 구절은 되풀이해서 읽고 기억하고 싶은 구절은 필사했다. 읽는 권수는 줄었지만 곱씹는 구절은 늘었다.

서울에서도 분명 행복했다. 넘치는 에너지와 열정으로 무엇을 하고, 어떤 것을 이루며 행복했다. 무한 바쁨 루프에 갇혔어도 인정받으니 뿌듯해서 행복했다. 자투리 시간도 허투루 쓰지 않는 내가 대견해서 행복했다. 그리고 치열하게 바쁜 일상이 나를 더 나은 내일로 데려다주리라 믿으며 행복했다. 열정이 빼곡하게 칠해진 강렬한 붉은색의 행복이었다.

제주에서 느낀 행복은 색부터 달랐다. 은은한 하늘색이었다. 고개만 올리면 보이는 하늘처럼 행복은 늘 곁에 있었다. 무엇을 하지 않아도 행복했고 어떤 것을 이루지 않아도 행복했다. 지금 내가 머무는 곳을 충분히 느끼고, 지금 내게 찾아온 감정을 있는 그대로 마주하는 것만으로도 행복을 느꼈다.

하늘색 행복을 알아차리고 나니 붉은색 행복에서 문제가 보였다. 행복의 방향이 '내일'을 향하기에 과한 상태에 다다라야만 행복을 인정하게 됐다. 너무 바빠 화장실조차 제대로 못 가면서도 그만큼 인정을 받아 그런 거라며 행복했고, 조금의 시간 낭비도 없이 To Do 리스트를 전부 달성했을 때 알찬 하루라서 행복했고, 성과도 남들의 기대를 뛰어넘었을 때 행복했다. '내일'이라는 불확실성 때문이었다. 불확실성은 불안을 데려왔고 불안을 잠재우는 건 한계에 다다른 노력이었다. 지쳐도 아파도 힘들어도 한계까지 노력했으니 이 정도면 행복해도 된다고 인정했다. 야박한 기준으로 노력은 길고 행복은 짧았다.

  제주에 머물며 자연스레 인정과 성취를 내려놓자 행복의 방향이 '내일'이 아닌 '오늘'이 됐다. 더 나아지고자 아등바등하는 대신 더 깊어지고자 오늘을 딛고 서니 여유가 생겼다. 사소한 일로도 행복했고 그러다 보니 자주 오래 행복했다. 멀리에만 두던 시선을 가까운 내 주변에 두자 긴장이 풀어지고 욕심이 줄며 불안이 엷어졌다. 행복의 임계점이 낮아진 것. 행복은 더 앞으로 나아가 크게 느껴야 하는 강도가 아니라 오늘 내가 서 있는 곳에서 사소하게 느끼는 빈도임을 체감했다.

  제주에서의 행복을 서울로 데리고 왔다. 서울에 와서도 흘러가는 시간대로 살았다. 집에서 5분 거리의 유치원을 지금까지는 어김없이 5분이 걸려 도착했는데 최단 시간을 무시하게 됐다. 제주에서처럼 꽃도 보고 노래도 부르고 먼 길로 돌아가기도 하며 아이가 하자는 대로 가자는 대로 내버려 뒀다. 그래봤자 5분이 20분이 될 뿐이었다. 15분 어치 자유가 아이의 하루에 담겼으니 더 행복한 길이었다.

아이는 여전히 유치원 종일반을 했다. 나도 시간에 쫓기지 않고 느긋하게 나를 돌보고 싶어서였다. 아이를 유치원에 등원시키고 나면 아이의 속도를 유지한 채 느릿느릿 동네 산책에 나섰다. 3년 이상 한동네에 살면서도 몰랐던 골목길을 걸었다. 동네 탐험이었다. 이때 음악은 필수였는데 매번 듣던 음악이 아닌 신곡 중에서 내 취향의 곡을 발견해 플레이리스트를 만들었다. 소소하게 호기심을 채우며 내 주변을 살폈다. 작은 변화를 알아차리는 일상이 행복했다.

"영어 공부 안 해? 영어 급수 갱신할 때 됐잖아. 시간 있을 때 미리 챙겨두면 좋지."

"제주 다녀오니 운전하고 싶어지지 않았어? 이럴 때 배워둬."

"골프는 안 배워? 요즘 다들 골프 치잖아. 복귀해서 같이 치자."

지인들은 여행을 마치고 돌아온 내가 동네 탐험하며 지낸다고 하니 자꾸 '할 일'을 권했다. 이럴 때 뭐라도 하나 더 배워둬야 한단다. 나를 걱정해서 하는 말임을 알았지만 담아두지 않았다. 십 년 넘게 역량을 키우는 삶에 몰입했으니 어렵게 결심한 휴직 기간에는 여유를 제대로 장착하고 싶었다. 나중에 다시 바빠지더라도 불안은 멀리하고 여유를 삶의 중심에 두는 안정적인 사람이 되고 싶었다. 앞으로의 삶이 과하게 말고 건강하길 바라며 지인들이 권하는 '할 일' 대신 내 몸과 마음을 살뜰하게 살피기로 했다. 몸을 위해 운동을 했고 마음을 위해 글을 썼다.

지금까지 나는 '내가 바라는 나'만 생각했지, '지금 내 모습'을 들여다보지는 않았다. 내가 가진 것보다 더 높은 능력과 더 굳센 의지로 더 나은 목표를 달성할 나만 그렸다. 지금 나는 어떤 상태인지, 내가 원하는 것은 무엇인지, 내게 필요한 것은 무엇인지, 나는 지금 만족하는지, 나는 지금 행복한지에 대해 생각해 보지 않았다. 그래서 더 불안했는지도 모르겠다. 나를 잘 알지 못해 내가 감당하지 못할 목표를 세워 두고 왜 도달하지 못하느냐고 채근했으니까.

제주에서 깨달은 행복을 서울에서도, 복직해서도 지켜가기 위해 '지금 내 모습'을 먼저 알아가기로 한다. 내일의 나를 욕심 내며 불안하게 흔들리는 삶 대신 오늘의 나를 아끼며 단단하고 안정된 삶을 살아가기로. 회사가 설정한 목표에 얽매였던 회사 중심적인 삶에서 벗어나 지금의 나를 존중하는 나 중심적인 삶을 살기로. 그게 더 자주 더 오래 행복한 길이기에.

워라밸은 신기루였다

Q
조용한 퇴사는
가능할까?

일과 행복의 상관관계

 아이 여덟 살 6월에 복직했다. 내 복직은 6월이었지만, 아이는 3월 초등학교 입학부터 엄마가 복직한 것처럼 일상을 보냈다. 초등학교 입학과 엄마의 복직이라는 큰 변화를 하나로 뭉쳐 아이가 겪을 혼란을 조금이라도 줄이고 싶었다.
 복직 전과 복직 후 아이의 기상 시간은 차이가 없었다. 같은 시간에 일어나 같은 시간에 집을 나섰다. 하지만 엄마가 실제로 집에 있고 없고는 아이 마음에 다르게 닿았나 보다. 수월하던 아이의 기상이 복직과 함께 힘들어졌다.
 "깨우는 엄마랑은 말하기 싫어!"

육아휴직 기간 아침에는 '싫어.'라는 말은 없었다. 초등학교에 입학하며 기상 시간을 당겼지만 그래도 아이는 웃으며 일어났다. 내가 뽀뽀를 한 뒤 볼을 비비면 아이는 자연스레 나를 끌어안으며 눈을 떴다. 졸리다고 투정을 부렸지만 엉덩이 토닥토닥하면 사라지는 투정 같지도 않은 투정이었다.

순하게 아침을 열던 아이가 나의 복직과 함께 사나워졌다. 잠을 한껏 묻힌 나른한 목소리 대신 날카롭게 소리를 질렀다. 그래도 괜찮았다. 휴직 때 한껏 채워둔 여유로 아이의 짜증을 받아줄 힘이 내게 있었다. "지금 일어나야 엄마가 예쁘게 머리 묶어주지."로 달래 아이를 깨웠다. 정시 출근도 아니고 매번 이르게 사무실에 도착하는데 집을 나서는 시간이 조금 늦어진다고 해도 상관없었다. 이제는 루틴에 맞춰 출근하는 것보다 아이에게 마음을 쏟는 아침이 더 중요했다.

사나운 아이를 향해 순간 치솟는 화는 참을 수 있었지만, 아이 마음 다독이느라 에너지는 어김없이 빠져나가 집을 나서면서부터 지쳤다. 예전의 나라면 지친 건 지친 거고 시간을 알차게 보내야 한다는 욕심이 더 우선해 버스에 오르면 무엇인가를 했을 텐데, 이제는 지쳤으니 그냥 잤다. 자리가 나면 자리에 앉아서 잤고 서 있으면 손잡이에 머리를 붙이고 잤다. 오늘의 나를 살필 줄 알게 된 나는 지쳤음에도 버티려 하지 않고 지치면 휴식을 우선했다.

점심시간도 달라졌다. 일주일에 두 번은 사내 헬스장에서 PT를 받았다. 이 건물이 지어질 때부터 있던 헬스장인데 나의 방문은 복직 후가 처음이었다. 휴직 때 알아버린 운동의 즐거움을 놓치기 싫었다. 40분 운동하고, 10분 씻고, 10분 출근길에 사둔 샌드위치를 먹으며 점심시간을 보냈다. 일이 밀렸어도 약속된 PT를 미루지 않았다. 일보다는 내 건강이 우선이니까. 점심시간까지 일하도록 만드는 회사의 과함 때문에 내 몸 살피는 시간을 미룰 수는 없었다.

퇴근 후의 삶도 달라졌다. 아이를 재우며 같이 잠들어도 너무 일찍 잤다고 자책하지 않고 피곤했나보다 여겼다. 아이가 잠든 뒤 여전히 에너지가 남아 깨어 있을 때는 노트북을 열어 글을 썼다. 내 마음을 살피겠다며 휴직 때 쓰던 이야기의 연장선이었다. 회사에서 미처 다 쓰지 못한 방송 원고를 집에까지 가져와 쓰는 나는 없었다. 집에서는 내가 쓰고 싶은 내 이야기만을 썼다. 회사를 벗어나도 일 그림자를 달고 있던 나는 사라졌다. 집에서는 아이에게 마음을 쏟고 남편과 마음을 나누고 내 마음을 살피는 것만 했다. 회사 안의 나와 회사 밖의 내가 분리됐다.

"이번 기획 진짜 좋은데!"

"휴직 기간에 대체 뭘 했길래 이렇게 반짝반짝해."

휴직 동안 영감을 가득 채워서인지 쉽고 빠르게 좋은 아이디어가 도출됐다. 거친 일의 바다에서 파도에 삼켜지지 않고 그 물살 위를 멋지게 올라탔다. 일의 버거움보다는 생동감이 활력을 가져왔다. 높아진 일의 효율은 야근하지 않게 했고, 회사 밖에서 저녁 시간을 보내게 되니 휴직 때와 절대량은 달라졌어도 적정량의 영감이 유지됐다. 영감을 채우기 위해 특별한 무언가를 해야 하는 건 아니었다. 기계에 녹슬지 않도록 기름칠하는 것처럼 내가 지치지 않도록 기름칠하는 일들이 영감으로 이어졌다. 여유를 놓치지 않는 것, 오늘을 소중하게 여기는 것, 내 몸과 마음을 아끼고 살피는 것 등 휴직 때 우선하게 된 가치를 지키는 일이었다.

휴직 기간 나는 애쓰지 않고 살았다. 버겁지 않게 지냈다. 여유롭게 보낸 이 시간은 내가 가지고 있던 행복의 기준을 바꿨다. 남들에게 인정받는 행복보다 내가 나를 아끼고 살피며 얻는 평안한 행복을 바라게 됐다. 남들에게 인정받는 행복에는 만족이 없었다. 잠깐 행복하고 나면 남들의 마음을 내가 알 수 없으니 인정받았다는 느낌이 착각인지 아닌지, 지금의 인정이 얼마나 갈지 곧바로 불안해졌다. 하지만 내가 오늘의 나를 살피며 느끼는 행복은 내 마음이라 내가 제일 잘 알기에 쉽게 만족했다.

사실 복직하며 퇴사를 결심했다. 복직 후 6개월만 더 다닌 뒤 육아휴직 수당과 연말 보너스를 받고 퇴사하기로. 휴직해서 9개월을 보내며 이제 겨우 여유롭고 건강한 삶을 살게 됐는데, 10년 넘게 해오던 일이 다시 삶에 끼어들면 도로 아미타불이 될 것 같아서였다. 회귀 본능이 살아나 남들에게 인정받는 성취에 치중하던 삶으로 돌아갈 것 같았다. 그랬던 결심이 나의 몸과 마음을 잘 살피며 효율적으로 일하는 일상에서 점점 옅어졌다.

성취의 기준도 남들의 인정에 기대기보다 나의 인정에 맞춰 관대하게 적용하면, 성취의 행복을 누리면서도 평안한 행복을 누릴 수 있지 않을까. 일을 우선했던 삶이 나를 버겁게 했으니 나를 우선하면, 일의 비중이 작아져 여러 결의 행복이 공존할 수 있지 않을까. 회사에서는 일하고 집에서는 회사를 잊는 분리가 제대로 이어진다면, 일하면서도 소소한 행복을 자주 누리는 삶이 가능하지 않을까.

생각이 달라졌다. 퇴사하지 않기로 했다. 내게는 회사를 그만두고 끝없이 이어지는 평온한 일상이 필요한 것이 아니라 소진됐을 때 회복할 수 있는 안식년이 필요했고, 잘 쉬고 돌아왔다고. 쉬면서 깨달은 가치를 지켜갈 수 있다면 내

능력을 펼칠 수 있는 지금의 삶이 내게 더 어울린다고 판단했다. 가정 경제가 윤택해지는 것도 놓기 어려웠다. 게다가 딸을 키우는 엄마로 내 일을 포기하지 않고 해내는 것이 훗날 딸에게도 더 멋진 여성이자 엄마로 보일 것 아닌가.

중간에 육아휴직으로 잠시 멈추지 않았더라면 여유로운 일상의 소중함도, 엄마를 기다리지 않아도 되는 아이의 안정감도, 평일 육아를 도맡았던 남편의 고마움도 깨닫지 못했을 것이다. 무엇보다 오늘의 나를 아끼고 살피는 삶이 주는 평안함을 몰랐을 것이다. 잠시 멈춰서고 나서야 알아챌 수 있었다. 지금껏 고장 난 나침반을 들고 엉뚱한 목적지를 향해 걸어가고 있었음을.

육아휴직은 내게 고장 난 나침반을 바로 잡는 시간이었다. 일이라는 자석에 한참 끌려갔던 나침반 바늘이 제대로 된 방향을 가리키기 시작했다. 행복을 따라 움직이게 된 것. 이제는 일에만 몰입하지 않는 '선'을 잘 지킬 수 있으리라는 자신이 생겼다. 이전에는 시간이 얼마나 걸리던 일에서 완벽을 추구했다면, 이제는 시간 내에 할 수 있는 최선만 다하기로 한다. 일의 완성도보다 효율을 중시하기로. 오늘의 나를 아끼고 살피는 행복이 존중되는 범위 안에서 일하기로. 일하며 행복하지만 일만 하는 것은 행복지 않음을 분명히 하면 올바른 목적지를 향해 걸어갈 수 있으리라.

이제 내 손에는 고쳐진 나침반이 쥐어졌다. 휴직으로 가진 여유 덕분에 삶을 바라보는 방향을 바로 잡게 됐다. 휴직 전에는 휴직이 곧 후퇴가 될까 두려웠는데, 복직하고 나니 회사에서도 후퇴하지 않았고 오히려 인생은 전진을 넘어 도약했다. 일을 행복의 대부분으로 여겼지만 일이 행복의 일부임을 깨달았으니 휴직은 제대로 된 삶을 살게 한 것. 남편의 발령에 등 떠밀린 육아휴직이 이렇게 내게 큰 변화를 가져올 줄 몰랐다. 인생의 우선순위를 바로 잡아 제대로 된 삶을 살기 위해 잠깐 멈추는 여유는 꼭 필요한 여정이었다.

회사가 달라질 거란
착각

 복직한 지 한 달, 주 52시간 근무제가 시행됐다. 회사 전체적으로 야근이 줄겠구나 기대했지만 기대일 뿐이었다. 일하는 방식과 상사의 마인드가 그대로인데 근무 여건이 크게 달라질 리 없었다. 주 52시간 근무제의 취지, 주요 내용, 실천 사항 등을 소개하는 방송을 만들며 당연하듯 며칠을 야근했으니 말 다 했다. 변화는 너무 느렸다.

 복직 초반에는 아이디어도 샘솟고 방송 제작도 원활하게 진행됐다. 이제 야근과의 작별이 가능하리라 예상했지만, 부장님이 잠깐 나를 느슨하게 놔둔 것일 뿐이었다. 통상 부여되던 1.9인분이 아닌 1.2인분 정도로 주어진 일은 복직에 잘 적응하라는 배려였다. "적응 다 했지?"라는 말과 함께 담당 방송이 바뀌며 배려는 사라졌다.

휴직 전에 맡았던 프로그램을 다시 맡게 됐다. 휴직 전에는 방송을 격주에 한 편씩 만들었다면 이제는 매주 만들어야 했다. 매주 제작하라는 부장님의 말에 '무리입니다.'라고 하지 못했다.

"승격 얼마 안 남았잖아. 상위 고과 챙겨야지. 기획방송 책임지고 맡아봐. 외주 PD 두 명 붙여 줄게."

외주 PD를 한 명이 아닌 두 명을, 그것도 능력 있는 사람으로 붙여 주겠다고 부장님이 당근을 내미는데 거부하기 어려웠다. 일이 행복의 전부는 아니라도 제때 승격하고 싶었다. 협업만 제대로 된다면 무리는 아닐 거라고 위안했다.

"빼어난 영상미나 화려한 CG에는 욕심내지 맙시다. 핵심 메시지만 주목해서 방송을 만들면 좋겠어요. 주 52시간을 제대로 지킬 겁니다."

두 명의 외주 PD와 첫 회의에서 한 말이었다. 말만으로는 신뢰성이 없으니 '시간 내에 도달 가능한 완성도'를 목표로 효율적인 제작 프로세스까지 수립했다. 외주 PD들의 의견도 수렴해 제작 프로세스를 확정하고 부장님께 보고했다.

부장님 역시 주 52시간 준수가 고민이었다. 보고한 프로세스대로 진행하라며 격려했다.

프로세스도 주 52시간도 지키고자 애쓰는 건 나뿐이었다. 부장님은 언제 그런 보고가 있었냐는 듯 무리한 지시를 당연하게 내렸다.

"원고 내용을 바꾸자. 두 단락 정도."

"이미 내레이션까지 녹음한 건데요."

"성우 다시 부르면 되지."

분명 부장님, 유관 부서 부장님, 상무님까지 검수를 마친 원고였다. 다른 대안을 내밀었지만 부장님은 단칼에 잘라냈다. 성우 불러 내레이션 재녹음하는 게 뭐 어렵냐며.

'성우를 부르는 시간, 녹음하는 시간, 바뀐 내레이션에 맞춰 재편집하는 시간이 더 듭니다. 물론 재녹음 비용도 더 들지요.'

주 52시간을 무시하며 야근해야 했다. 애써 수립한 제작 프로세스와는 멀어지는 상황에 속으로는 아우성을 쳤지만, 겉으로는 꿀 먹은 벙어리가 됐다. 야근을 당연하게 여기는 부장님 앞에서 다른 말을 할 수 없었다. 자리로 돌아와 성우한테 전화를 걸었다.

내레이션 재녹음은 무리하는 정도가 약한 지시였다. 더

다이나믹한 장면이 있으면 좋겠다며 방송을 이틀 앞두고 촬영을 추가하라는 지시도 있었고, 분명 두 명의 임직원을 소개하는 것으로 결정됐는데, 촬영이 끝난 뒤 한 명을 더 섭외해 넣으라는 지시를 받기도 했다. 가장 무리였던 일은 이미 제작에 들어간 아이템을 갈아엎는 것이었다. 월요일 아침 경영진 회의에서 논의된 이슈를 다음 주 수요일 방송에 내보내라고 했다. 다음 주 수요일 방송은 내일 촬영이 예정된 상황임에도 지시된 아이템으로 바꿔야 했다.

매주 방송이 나간다지만 방송 제작 기간은 최소 2주가 필요하다. 아무리 중요한 이슈라도 다음 주에 바로 소개되기 위해서는 회사에서 살다시피 해야 한다. 부장님 지시를 쫓아가느라 야근이 줄지를 않았다. 만들어 놓은 제작 프로세스는 무의미했다. 무리라고 말하면 너라면 충분히 할 수 있다며 가볍게 무시당했다. 회사는 내가 120%, 130%의 에너지를 꺼낼 때까지 나를 닦달했다.

"일복 많은 사람은 어느 부서에 가나, 휴직으로 도망갔다 오나 일복이 줄지 않는구나."

친하게 지내는 다른 부서 선배가 내 투정을 듣더니 말했다. 이미 120%, 130%의 에너지를 꺼낼 수 있음을 알고 있는데 100%만 꺼내놓으면 돈 아까워서 회사가 그걸 그냥 두고 볼 리 없다고 했다. 선배는 "넌 이미 찍혔어."라는 농담으로 대화를 마무리했지만, 농담은 내게 저주로 박혔다.

회사는 내가 무리하는 것을 당연하게 여겼다. 시간은 내 것이 아닌 회사 것이었다. 주어진 시간 내에서만 최선을 다해 일하겠다는 복직 초반의 결심은 지키려야 지킬 수가 없었고, 다시 버거운 일상을 애쓰며 살게 된 나는 시들해져 갔다. 분명 일만 하는 삶은 행복하지 않음을 깨닫고 다른 사람이 됐는데, 회사는 내게 변함없이 일만 하라고 강요했다. 회사는 바꿀 수 있는 대상이 아니었다. 회사에게 나는 최대한 부려 먹어야 하는 일꾼이기만 했다. 내가 효율을 높여 전보다 적은 시간에 전과 같은 양의 일을 한다 해도, 회사는 효율이 높아져 생긴 남은 시간에 다른 일을 더 하길 바랄 뿐이었다.

"부장님, 이번 경영진 회의에서 언급된 이슈는 급하게 나가기보다 충분히 스터디해서 내용을 잘 정리하는 것이 더 좋을 것 같은데요."

"스터디 기간을 줄이면 되지. 민 책임 빠르게 잘하잖아. 이슈 내용 먼저 정확하게 파악해 봐."

어떻게든 무리하는 상황을 피해 보려 부장님께 '조정해 달라.'는 말을 입 밖으로 꺼냈지만 받아들여지지 않았다. 부장님의 '기간을 줄이라.'는 말은 야근하라는 말과 동의어였다. 무리해서 제작 일정을 당기는 건 회사에도 좋지 않았다. 제작 기간을 줄이려면 기획과 구성에 드는 시간을 최소화할 수밖에 없었다. 당연히 버겁게 억지로 생각을 쥐어짜야 했고 내용의 충실도는 떨어졌다. 회사에 오래 머물며 만들었으니 방송의 질이 70%, 80%여도 회사는 괜찮은 것일까. 진정 회사가 내게 바라는 모습은 체류 시간으로 증명하는 근면성일까. 주 52시간에 맞춰 회사가 달라지리라는 기대를 접었다. 회사는 그대로인 상황에서 휴직 후 달라진 나를 어떻게 지킬 수 있을지 고민의 방향을 바꿨다.

다정한 사람의
기본 조건

말할 때 결론부터 말하기를 선호했다. 얼버무리거나 숨기는 대신 솔직하게 말했다. 상대방이 두루뭉술하게 말하면 선명하게 바꿨다. 무엇이든 빠르게 결정해서 빠르게 행동으로 옮겼다. 사람들은 이런 나를 보고 야무지다고 말했다.

대화도 체크 박스 화법을 즐겨 썼는데, 직장인으로서는 꽤 괜찮았다.

"부장님, 화요일에 구성 보고드리고 촬영 후 원고는 금요일에 보고드리는 일정으로 진행하려는데 괜찮을까요?"

"이 주제가 가장 잘 드러나는 사례는 이걸로 보이는데 이

사례를 메인으로 삼아도 될까요?"

"저는 이 부분을 문제점으로 파악했는데 제가 잘 이해했을까요?"

더 나은 결과를 얻기 위해 할 일 체크를 중심으로 이어지는 대화는 군더더기가 없어 선명했다. 감정 소모도 적었다. 하지만 이런 화법은 가족과 친구에게는 그리 환영받지 못했다. "숙제는 했어? 언제 할 거야?", "택배 주문은 했어? 왜 못 했어?", "왜 싸웠어? 뭘 해결해야 하는데?"와 같이 할 일에만 포커스를 맞추다 보면 관계가 건조해졌다. 일이 아닌 마음을 나누는 관계에서는 행동보다는 마음을 먼저 살피고 공감해 줘야 했다.

야무진 사람이 바쁨에 갇힌 결과였다. 휴직 전 여유를 모르던 시절의 나는 까칠하다 못해 빡빡해져 할 일로만 머릿속을 채웠다. 특히 분 단위로 시간을 쪼개고 자투리 시간까지 알차게 채워야 한다는 의지가 앞서면 관계의 형태가 어떻든 대화는 체크 박스에서 맴돌았다. "했니?", "왜 못 했니?", "뭐가 문제니?", "언제 할 거니?"가 입에 붙었다.

한참 방송 원고를 쓰고 있는데 남편과 아이에게서 영상통화가 걸려 왔다. 저녁 8시가 넘은 시간임에도 사무실에는 드문드문 사람들이 남아있어 종종걸음으로 회의실로 갔다.

"저녁은 맛있게 먹었어? 반찬은 남았어?"

아이에게 저녁 식사의 맛을 묻고, 남편에게 남은 반찬을 물었다. 아이는 맛있다고 했고, 남편은 다 먹었다고 했다. 반찬을 다 먹었다니 집에 가서 해야 할 요리부터 떠올렸다. 아이는 유치원에서 무슨 일이 있었는지 종알종알 말하기 바쁜데 내 머릿속에서는 음식 재료들이 이리 합쳐졌다가 저리 합쳐지며 요리 목록을 만들었다.

"선생님은 선유한테 뭐라고 하셨어?"

아이 말에 딴생각했지만 반응은 했다. 아이가 있었던 일을 말했으니 반응의 정석은 아이의 기분과 생각을 묻는 것이다. 알면서도 다 건너뛰고 선생님의 반응만 물었다. 내 궁금증이 급했으니까. 그다음 남편에게 한 말도 내가 제일 궁금했던 것.

"택배 도착 문자 왔는데. 들여놨어?"

그 뒤로 대화는 조금 더 이어졌지만 끝맺음은 단호했다.

"많이 보고 싶어. 같이 있지 못해서 미안해. 사랑해."

야근하는 엄마 또는 아내와 아이 또는 남편이 하고 싶은 통화의 주제는 무엇일까. 반찬이나 선생님의 말이나 택배보다 지금 집에서 무엇을 하고 있는지, 지금 기분은 어떤지, 오늘 하루는 어땠는지를 묻고 듣는 것이 아닐까. 비록 어제와 오늘이 비슷해 예측할 수 있고 반복되는 일상에서 할 이야기가 사소한 것뿐이라도 함께 나누고 싶지 않을까. 이 당연한 추측이 일에 매몰된 내게는 쉽지 않았다. 어서 다시 모니터 앞으로 돌아가 쓰다 만 원고를 빨리 마무리하고 싶었다. '빨리'의 이유가 가족 곁으로 돌아가고 싶은 마음이었으면서도 가족의 마음은 빨리 끊어버렸다. 빠르게 일을 완수해야 한다는 목표만 생각하느라 왜 그 목표를 갖게 됐는지는 잊어버린 것. 아니, 잊은 것이 아니라 보이는 행동만 빨리하느라 보이지 않는 마음은 등한시했다.

일을 행복의 대부분으로 여기던 시절, 나는 가족에게도 부장님께 말하듯 체크 박스 대화를 했다. 감정 소모는 적게, 얻어야 하는 정보는 신속하고 확실하게 얻으려고. '말하지 않아도 알아요.'라는 상투적인 표현을 적용해 마음을 대화에 등장시키지 않았다. 마음을 꺼내면 대화는 더 길어져 일로 빨리 돌아갈 수 없다는 계산이었다. 그렇다고 마음을 아예 외면할 수는 없으니 "많이 보고 싶어. 같이 있지 못해서 미안해. 사랑해."라는 말은 마무리 멘트로 사용됐다.

결국 욕심 때문이었다. '일을 잘하고 싶다.'라는 성취에 사로잡혀 바쁘게 살다 보니 내 시야마저 좁아졌다. 일에만 집중하던 내가 육아휴직을 하고 주변을 둘러볼 여유를 갖자 대화에서 오가야 하는 마음이 제대로 보였다. 고민을 나누는 대화에서 해결책만 찾던 내가 고민을 들어주기만 해도 마음이 가벼워진다는 것을 받아들였다. 시답잖은 대화는 시간 낭비라 여겼던 내가 그냥 한번 웃고 마는 것도 의미 있음을 깨달았다. 사소한 농담이 더 자주 나를 웃게 했다. 매사 진지하던 내가 조금씩 허물어지고 실없어졌는데, 이 모습이 꽤 마음에 들었다.

휴직하자 늘 무겁던 남편과의 술자리에도 가벼운 웃음이 끼어들었다. 이제껏 '평일에 육아를 담당하는 내가 더 힘들다. vs 평일에 야근하고 와서 집안일을 하니 내가 더 힘들다.'의 대립으로 전쟁터 같던 부부 술자리가 나의 육아휴직으로 인해 달라졌다. 내가 육아를 전담하게 되면서 누가 더 고생하는지 대결할 필요가 없어졌기도 했지만, 내 주파수가 상대방이 한 일이 아닌 마음을 향해 움직여서였다. 왜 그때 그렇게 행동했는지를 추궁하거나 지적하거나 비난하는 술자리가 아니라, 그때 그의 기분은 왜 그랬는지를 들으며 이해하고 수긍했고 내 기분은 이랬노라 알려주게 됐다. 취중진담을 표방한 날카로운 말이 윤활유를 머금은 부드러운 말로 달라지자 다툼이 사라진 자리에는 연애 때의 말랑함이 다시 등장했다. 특히 잊고 있었던 애교와 어이없는 장난이 은둔 생활을 끝내고 존재를 드러냈다.

아이에게도 반응의 정석을 보여주게 됐다. 아이의 말을 가벼이 여겨 당연하듯 딴생각하던 내가 아이의 말만으로 머릿속을 채웠다. 더 중요한 생각이 있다며 아이의 말을 건성으로 듣지 않았고, 아이의 기분과 생각을 물으며 아이가 꺼낸 화제에 진심으로 반응했다. 그러자 아이는 내게 더 많은 일상을 들려줬다. 선생님이 알림장에 적어주는 내용으로 짐작했던 유치원 생활을 아이의 이야기로 속속들이 알게 됐다.

나의 변화는 상대에게만 적용되지 않았다. 여유로워지니 상대방을 넘어 내게도 다정해졌다. 더 나은 성과를 내야 한다며 채근하고 더 악착같이 살아야 한다며 내가 나를 닦달했는데 그러지 않게 됐다. 지금을 즐기라고 편안해도 괜찮다며 나를 보듬었다. 내가 만드는 성과나 결과보다 내 마음 상태에 더 오래 머물렀다. 그러다 보니 쓰는 글도 달라졌다. 내 고민과 그 고민을 해결해 앞으로 나아가는데 집중했던 글이 내 마음 상태를 알아차리고 왜 이런 마음을 갖게 됐는지 과거를 돌아보는데 공을 들였다. 무언가 실천 방향을 제시하며 결론 맺지 않아도 그냥 지금의 상태를 아는 것만으로도 만족하게 됐다. 신기하게도 지금의 나를 알고 나니 내가 바라는 나도 선명해졌다.

여유의 힘은 대단했다. 내가 남에게도 내게도 더 다정한 사람이 되게 했다. 넉넉하고 상냥한 내가 좋았다. 좋은 점은 지켜가고 발전시키려는 존재가 사람이니 복직해서도 나는 넉넉하고 상냥한 내가 될 수 있을 줄 알았다. 하지만 쉽지 않았다.

야근을 피해 보려는 노력이 번번이 실패하자 다시 휴직 전처럼 까칠해졌다. 왜 이렇게 늦게 오냐는 아이와 남편의 물음에 노력해도 안 되는 걸 어떻게 하냐며 날카롭게 쏘았다. 몰랐으면 모를까. 여유가 얼마나 좋은지 알아서 그 여유를 가져보겠다고 노력하는데도 쉽지 않은 환경에 화가 났다. 여유를 모르고 일에만 매몰됐을 때보다 감정이 더 요동쳤다.

다시 남편과의 술자리가 무거워졌다. 휴직 전처럼 누가 더 고생하는지의 대립 때문이 아니었다. 이번에는 '복직할 때 퇴사한다고 했잖아. vs 야근 안 하려고 애쓰고 있잖아.'의 대립이었다. 노력이 통하지 않는 회사, 노력을 몰라주는 가족에 둘러싸여 나는 다시 빡빡한 사람으로 돌아가고 있었다. 그리고 그런 내가 나는 싫었다.

일과 행복 사이에서

　복직 후의 삶이 육아휴직 전보다 나아진 것은 맞았다. 야근은 여전했지만, 주 1~2일로 줄었고 야근한 다음 날은 오후에 출근해도 괜찮은 유연근무제도 생겼다. 아이가 아홉 살이 되면서는 시터를 고용해 아이의 저녁 식사와 숙제 도우미를 맡겨 육아의 무게가 줄어들기도 했다. 하지만 자꾸 쓴맛이 났다. 열이 끓었고 속은 답답했다.

　닥쳐서 아이템이 바뀌는 사고가 한 달에 한 번 이상 터졌다. 그럴 때면 내리 나흘을 야근하고도 주말에 원고를 붙잡고 있어야 했다. 예측할 수 없는 일상은 피로도를 높였다.

무리에 무리를 더해 방송을 송출하고 나면 영혼까지 탈탈 털린 텅 빈 내가 남았다. 어려운 상황에서도 질 높은 방송을 만들었다며 칭찬을 들었지만 전혀 기쁘지 않았다.

나는 예민할 대로 예민해졌다. 별것 아닌 일에 화가 치솟았고 그 화는 고스란히 남편과 아이에게로 향했다. 아파트 단지에 도착해서도 바로 집으로 들어가지 못했다. 단지를 몇 바퀴 돌며 마음을 추슬러야 했다. 바람은 상쾌한데 마음은 텁텁했고, 이마에는 달큰한 땀이 살짝 솟았는데 입은 쓰디썼다.

아이도 쓴맛을 보고 있었다. 휴직한 9개월 동안 늘 같이 있어 주던 엄마의 빈 자리가 아이에게는 너무 컸다. 다정한 시터를 잘 따랐지만 딱 거기까지. 시터가 엄마의 빈 자리를 채워주지는 못했다. 아이는 연필 뒤꽁무니를 씹더니 표면에 칠해진 그림을 알아보지 못할 정도로 연필 전체를 씹었다. 씹는 범위는 손톱까지 퍼졌다. 혼내도 안 되고 타일러도 안 되길래 인터넷을 뒤졌다. 깨무는 습관은 불안에서 기인한다고 했다.

정말 엄마의 복직이 아이의 불안을 키운 것일까. 정확한 이유를 알고 싶어 심리상담센터에서 풀 배터리 검사를 받았다. 인지, 정서, 지각, 사고 등을 종합적으로 알아볼 수 있는 검사로 정서적 특징, 행동 특성, 대인관계 등의 파악이 가능했다.

"엄마가 미안하다는 말을 자주 해요. 그럴 때마다 이마에 주름이 생겨요. 이러다 할머니 될까 봐 겁나요."

아이는 일찍 오기로 한 엄마가 야근해야 한다며 걸어온 영상통화를 영상으로 찍어놓고 다시 보기를 하는 것처럼 세세하게 이야기했다고 상담 선생님은 말했다. 엄마가 곁에 없었던 기억을 줄줄 말했다는 아이. 늘 엄마와의 시간이 부족했던 아이는 그 아쉬웠던 시간을 생생하게 기억하고 쌓아두며 마음에 빈틈을 키우고 있었다. 육아휴직으로 그 틈이 좁아지는 듯했지만 복직에 막혀 불안이 더 커졌노라 했다.

아이에게는 최상의 환경을 만들어 주고 있다고 믿었다. 엄마, 아빠가 회사에 있는 동안 학원 뺑뺑이 대신 학교에 최대한 오래 머물 수 있도록 아이는 상대적으로 하교 시간이 늦은 사립초등학교에 다녔다. 5시에 하교하면 나와 남편의 퇴근 전까지 피아노 학원에서 기다리는 일정이었다. 11월에 들어서며 아이는 방과 후 수업 시간에 힘들다고 자꾸 담임 선생님이 있는 교실로 온다고 했다. 2학년에 되면서는 시터 이모를 구해 3시에 하교 후 집에서 시간을 보내게 했다. 아이가 힘들지 않기를 바라며 내 월급 대부분을 아이에게 썼다.

아이에게 아낌없이 돈을 쓰는 엄마였지만, 아이가 바란 것은 돈이 아닌 시간이었다. 연필과 손톱을 깨무는 것 외에 드러나는 큰 문제가 있지는 않았지만, 나는 세차게 흔들렸다. 회사가 시키니 어쩔 수 없다며, 복직 초반 정시 퇴근을 사수하겠다는 다짐을 내버린 결과로 보였다. 노력해도 초과 근무를 막을 수 없는 상황은 일하며 행복했던 기억까지 왜곡했는데 행복하지도 않은 일에 매달려 아이를 내팽개쳤다는 자책까지 얹혔다. 여기에 아이의 기억이 엄마가 없던 자리만으로 채워질까 겁났다.

육아휴직으로 누린 여유로 인해 삶이 달라질 줄 알았다. 일보다는 나, 내일보다는 오늘, 회사보다는 가족, 성취보다는 소소한 행복을 바라게 됐으니 삶도 방향을 바꾸리라 기대했다. 특히 나와 가족을 살피는 범주 안에서 일할 수 있으리라 믿었다. 하지만 회사는 달라진 나를 외면했다. 이전처럼 우선순위를 일에 두게 하려고 갖은 방법을 썼다. 달라진 나를 인정해 줄 생각이 없는 회사는 아무리 흔들어도 꼼짝도 하지 않는 거대한 성벽이었다. 아이도 나도 흔들리는데 회사만 굳건했다.

아이의 마음을 살피다 보니 내 마음도 들여다보게 됐다. 일잘러의 정체성을 회사에서만 찾아야 하는 건지 의문이 생겼다. 나를 전혀 배려하지 않는 회사를 위한 내 노력이 희망 없는 짝사랑 같았다. 시간과 열정을 모두 회사가 뺏어간다는 생각을 멈출 수 없었다. 복직한 뒤 야근에 저항하면서도 결국 굴복했던 건 일을 계속 잘하고 싶다는 마음이 놓아지지 않아서였다. 타인에게 인정받는 행복이 신기루라고 생각하면서도 떨치지를 못했다. 그래서 갈팡질팡했다. 내게 더 중요한 가치를 알고 있으면서 덜 중요한 가치에 붙들렸기에. 그러다 아이의 불안을 맞닥뜨렸다.

회사 밖의 '일'도 궁금해졌다. 육아휴직 기간에 쓴 글이 책으로 나온 뒤 나는 회사가 쓰라고 하는 이야기 말고 내가 쓰고 싶은 이야기를 더 쓰고 싶다는 갈증에 시달렸다. 회사에 쏟았던 노력을 내 이야기에 쏟는다면 회사 밖에서도 생존하리란 희망이 꿈틀거렸다. 일상에서 소소한 행복을 느끼며 여유가 있는 다정한 사람이 되고 싶은 내가 회사 밖에서 할 일도 찾았다. 내게 더 중요한 가치를 두고 갈팡질팡하지 말고 굳건하게 지켜가자는 마음으로 퇴사를 고민하게 됐다. 일과 여유가 양립할 수 없는 딜레마에서 나에게 더 중요한 가치를 판단할 힘이 생긴 결과였다.

분리수거함에 빈 맥주캔이 늘었다. 답답함이 쌓였다. 늦은 밤, 잠이 오지 않아 혼자서 홀짝이는 시간이 늘었다. 잠귀 밝은 남편도 따라 나와 맞은 편에 앉았다.

"직업을 회사원에서 작가로 바꿔볼까? 어때? 가능성 있어 보여?"

15년을 다닌 회사를 그만두며 일을 그만두고 싶지는 않았다. 일만 하면 행복하지 않았지만, 일하면서 행복했던 사람이니 일이 사라진 삶은 싫었다. 공저 책을 한 권 냈던 경험을 바탕으로 내 일을 'CEO 커뮤니케이션을 포함한 사내방송 전문가'에서 '내가 쓰고 싶은 이야기를 사람들 마음에 닿도록 진솔하게 쓰는 작가'로 재정의했다.

"어떤 이야기를 쓸까?"

퇴사를 주제로 하던 남편과의 대화는 어떤 이야기를 쓰는 작가가 될까로 달라졌다. 글은 삶을 담기에 내가 바라는 삶을 그리게 됐다. 돈보다는 시간을 귀하게 여기는 삶, 효율보다는 여유를 중시하는 삶, 내일의 나보다 오늘의 나를 살피는 삶을 바랐다. 내가 살고 싶은 삶 안에 아이가 함께하면 나도 아이도 함께 행복할 수 있지 않을까. 내 꿈을 이뤄가며 아이의 마음을 채워가는 삶을 떠올리자 퇴사가 아쉽기보다는 기대됐다. 퇴사의 시작은 아이의 결핍을 채우기 위함이었지만 그 끝은 내게 더 중요한 가치를 지키는 삶을 살기 위함이었다. 여전히 분리수거함에는 빈 맥주캔이 많았지만 답답함 대신 희망이 쌓였다. 퇴사를 결심해서라기보다 내가 바라는 삶, 내가 우선하는 가치를 지켜가는 삶을 살 방법을 찾은 희망이었다.

모두 아니라고 해도
내가 맞다면

 퇴사하기로 했다. 엄마 결핍이 커서 불안한 아이의 안정을 위해서이기도 하고, 도무지 과도한 업무량에서 벗어나질 못해 갈수록 까칠해지는 나의 평안을 위해서이기도 했다. 무엇보다 소소한 행복을 누리며 살고 싶은 바람의 실천이었다. 근속 15주년이었다.
 육아휴직을 제주에서 시작한 것처럼 퇴사 후 삶도 제주에서 시작하고 싶었다. 육지와 섬의 거리감이 '왜 퇴사했어?', '퇴사해서 뭐 해?'의 관심에서 벗어나게 해주리라 믿었다. 더 높은 곳을 향해 열심히 뛰어가는 사람들을 보며 느긋하게 걸어가는 내 속도를 뒤처짐으로 여기고 싶지 않았다. 제주라면 느긋한 내 속도를 인정해 주리라 여겼다. 화려한 도시에서는 돈의 유혹에 넘어가지 않고 버티기도 쉽지 않아 보였다. 그동안 지친 마음을 자연이 치유해 주리라는 기대도 했다. 나를 흔드는 존재들한테서 멀리 떨어지려는 선택이었다.

주말 부부라는 난제에 부딪힌 남편의 반응이 걱정됐다. 같은 테이블에서 나는 희망을 마시고 그는 외로움을 마셨다. 그는 혼자 이 집에 남으면 너무 우울할 것 같다며 퇴사는 하되 서울에서 같이 살기를 바랐다. 그러나 퇴사 후 서울에서의 삶은 아무리 생각해도 자신이 없었다. 그러면 KTX가 다니는 강릉을 대안으로 삼아야 하나. 삼 주 연속 분리수거함의 맥주캔과 소주병이 최대량을 연거푸 갱신하는 동안 강릉, 양평, 경기도 광주가 우리의 대화에 등장했다. 내가 바라는 나로 오롯하게 서고 싶었다. 나를 흔드는 존재들한테서 멀어지는 삶에 내가 미련을 버리지 못하자 결국 그는 내 제주행을 허락했다.

"우울할 것 같다며. 괜찮겠어?"

"어차피 평일은 바쁘고, 주말에 여행 가듯 제주 가면 되고. 그러자. 그게 맞아. 너도 바라고, 선유도 자연에서 자라는 게 더 좋고."

남편 산을 넘고 나니 더 높은 부모님 산이 나왔다. 내가 퇴사하고 제주로 가겠다는 폭탄선언을 던지자, 엄마는 제주로 가면 안 볼 거라며 맞불을 놓으셨다. 부모님은 퇴사는 몰라도 제주 이주는 안 된다고 했다. 내 나이 마흔, 내 가정을 꾸린 지 11년 차. 부모님에게 동의를 구하려던 것이 아니었다. 상의하려던 것도 아니었다. 우리 부부가 심사숙고해서 결정했으니 지지해 주면 좋겠다고 미리 알려드린 것이었다. 답을 정해놓고 통보하는 것으로 여겨도 어쩔 수 없었다.

물론 부모님은 내가 회사 생활을 잘할 수 있도록 아이를 3년 동안 키워주기도 했고, 아빠는 여전히 매일 아침 우리 집에 와서 남편과 내가 출근한 뒤부터 아이가 등교하기 전까지 생기는 30~40분의 공백을 채워줬다. 귀한 도움을 감사하게 여긴다고 해서 내 인생의 결정권을 부모님께 맡길 수는 없었다. 내 인생은 내가 결정할 수 있는 성인이 아닌가. 내 행복도 내가 선택하는 것이 당연했다.

부모님 산을 넘자 불안의 산이 나타났다. '작가'로의 삶을 살겠다고 결심했지만 가능할까. '작가'를 직업으로 만들지 못한다면 어떻게 해야 하나. 매달 꼬박꼬박 들어오던 월급이 사라지는 데 소비 규모를 줄일 수 있을까. 대기업 직원이라는 소속이 없어져도 괜찮을까. 남들과 비슷한 삶을 살아왔는데 갑자기 다른 길로 들어서도 후회는 없을까. 아이가 지금은 내가 곁에 있기를 원한다지만 금세 친구가 더 좋다고 하면 어쩌나. 부서에서 업무량 Top에 속하는데 내가 갑자기 빠지면 동료들이 괜찮을까. 하지만 이런 불안은 내가 바라는 삶을 살 수 없는 상황에서는 하찮았다. 내 몸도 마음도 살피지 못하고 갉아 먹으며 사는 상황을 바꾸는 것이 더 중요했다.

남편도 넘고 부모님도 넘고 불안도 넘어 부장님께 퇴사를 선언하자 부장님은 달콤한 말을 꺼냈다. 많이 힘들면 업무량을 줄여줄 수 있는데. 고과가 좋아 내년 승격도 무난한데. 요즘 여성 부장들이 많아 욕심내도 될 것 같은데. 지금 하는 일과 너무 잘 어울리는데. 워킹맘 후배들이 롤모델로 생각하던데. 달달했지만 넘어갈 내가 아니었다. 이미 회사의 감언이설에 속을 대로 속아 매번 회사의 기대에 맞춰 무리했다. 무리하기 싫다고 효율적으로 일할 수 있게 해달라고 할 때는 무리해도 된다고 했으면서. 너무 늦은 회유였다. 이미 나는 성취보다는 여유를 더 욕심내는 사람이 되어 있었다. 회사가 쓰라는 이야기 말고 내가 쓰고 싶은 이야기를 쓰며 살고자 마음먹은 뒤였다. 내가 꿈쩍하지 않자 그는 마지막 질문을 던졌다.

"재고 여지가 없는 거지?"

"네!"

부장님은 내 결정을 받아들인 듯했지만, 그건 내 착각이었다. 부장님께 퇴사 의사를 밝히고 나면 부장님께서 인사 파트에 내 의사를 전달해 주고, 그 후 나는 인사파트와 퇴사 일정과 절차 등을 협의하는 프로세스를 예상했다. 하지만 아무것도 진행되지 않았다. 그냥 묻어두고 있으면 내 마음이 돌아설 것으로 예상한 것일까. 퇴사를 선언했음에도 나는 계속 급박하게 바뀌는 아이템에 대응하느라 야근하고 있었다.

마지막 출근 날까지 2주가 남은 주말. 나는 여전히 집에서 방송 원고를 썼다. 분명 부장님과 협의한 마지막 출근일인데 일부러 모른 척하는 것인지, 상황이 여의찮아 그러는 것인지 알 수가 없었다. 2주를 앞두고도 부서원 대부분이 나의 퇴사를 모르고 있는 상황은 답답했다.

일요일 밤 완료한 방송 원고를 부장님께 메일로 보고하며 내 마음을 남겼다. 업무 후임을 정해달라고. 부서원들도 이제는 알았으면 좋겠다고. 주말 내내 망설이다 메일을 드린다며 완곡한 표현을 골라 단호한 의사를 전했다. 인생의 가장 큰 변화를 잘 맞이하고 싶다고.

 부장님이 번복을 바라며 퇴사 프로세스 진행을 미뤘던 시간에도 나는 결심을 굽히지 않았다. 달콤한 말들이 불쑥불쑥 떠올랐지만 빈도는 점점 줄었다. 여전히 아이템이 바뀌는 상황 속에서 회사 안에서의 행복보다 회사 밖에서의 행복을 찾고 싶은 마음은 더욱 단단해졌다. 그제야 부장님은 잘 마무리하라고 하며 퇴사 프로세스를 진행했다.

 누구 하나 나를 쉽게 놓아주지 않았다. 남편도 부모님도 내 안의 불안도 부장님도 나를 붙잡았다. 남편이 붙잡을 때는 제주에서 살고 싶다는 마음이 내 욕심일까 싶어 아팠다. 부모님이 붙잡을 때는 내가 더 행복하게 살고 싶어 내린 결정인데 지지받지 못해 서운했다. 내 안의 불안이 붙잡을 때는 나약함이 속상했다. 부장님이 붙잡을 때는 회사에 대한 기대가 사라지고 내가 하고 싶은 일이 바뀐 뒤라 답답했다. 물론 가장 앞선 감정이었을 뿐. 단어 하나로 정의할 수 없는 복잡한 마음이었다.

 내가 살고 싶은 곳에서 내가 살고 싶은 속도로 내가 쓰고 싶은 글을 쓰며 사는 삶을 살겠다고 다짐했지만 '과연'이라는 말이 따라붙었다. 확신은 미약했다. 분명 내게 더 우선하는 가치들의 총합이었지만 15년 다닌 회사를 그만두기는 쉽지 않았다. 그럴수록 내 행복은 내가 선택해야 함을 믿었다. 여러 시행착오를 거치며 경험에서 체득한 판단이기에 내 마음이 정리한 근거를 믿었다. 삶의 주도권을 그 누구에게도 양보하지 않고 내게 두니 나는 더 굳건해졌다. 내가 살고 싶은 삶이 더 간절하고 선명해졌다.

그렇다고 나를 붙잡은 사람들이 무용했다는 것은 아니다. 그들이 붙잡았기에 한 번 더 고민했고, 한 번 더 확신하는 과정이 있어 내 의지가 더 단단해졌다. 흔들렸지만 꺾이지 않았고 연약했지만 굳세진 내 결심은 결국 나를 퇴사하게 했고 제주로 이끌었다.

불안한 내일보다 충만한 오늘

Q

오늘을 우선하면

내일은 뒤처질까?

더는 배달의 민족이 아닙니다

 과학 기술의 발달에 따라 우리는 어제보다 편한 오늘을 살고 있다. 편리함에는 쉽게 익숙해지고 한번 편리함에 익숙해지면 이전으로 돌아가기는 어렵다. 하지만 점점 더 편리해지는 삶이 좋기만 할까? 제주로 이사를 오자마자 예상치 못한 불편과 맞닥뜨리게 됐다.

ooo

 ***님이 선물과 메시지를 보냈습니다.

제주살이 일주일 만에 아이는 생일을 맞았다. 서울 사는 친구가 아이의 생일 선물로 유명 프랜차이즈 치킨 기프티콘을 보냈다. 아이는 메시지를 보자마자 이모가 자신의 취향을 딱 맞췄다며 방방 뛰었다. 생일 점심은 치킨이란다.

기프티콘을 사용하기 위해 프랜차이즈 앱에 접속했다. 점심시간에도 배달될까 염려했지만, 쓸데없는 걱정이었다. 문제는 시간이 아니라 집 주소였다. 배달 주소 입력 단계에서 맞닥뜨린 글자는 '배송 불가 지역'이었다. 배달의 민족이라는 대한민국 땅에서 배송이 안 되는 지역이 있다니!

자연을 한껏 누리고 싶어 도심을 피했고, 느긋하게 살고 싶어 관광지 주변도 피하고 보니 '중산간동로'에 자리한 집을 얻게 됐다. 말 그대로 산 중턱에 있는 집이다. 마트나 병원과 같은 편의시설과는 거리가 조금 있지만 여유를 우선한 선택이었다. 역시나 집에서 치킨 매장까지도 차로 12분 거리였다. 매장은 바닷가에 있고 우리 집은 중산간에 있으니 배달 라이더가 오르막을 한참 올라오기는 쉽지 않을 터. 나중에 알게 된 사실이지만 배달 라이더에게 배달료를 2배, 3배 준다고 해도 우리 집은 배달을 오지 않는다고 했다.

제주버스정보 애플리케이션을 열었다. 여전히 나는 무면허였기에 버스로 매장에 가야 했다. 나와 아이는 50분에 한

대 배차되는 버스를 타고 치킨 매장이 있는 함덕으로 갔다. 어렵게 내려왔는데 치킨만 달랑 들고 갈 수는 없었다. 돌아가는 길은 택시를 타기로 하고 마트에 들러 장도 실컷 봤다. 아이가 고르는 과자와 음료수도 인심 좋게 장바구니에 담았다.

○○○

이모가 보내준 치킨 먹고 신난 선유. 이 치킨으로 말할 것 같으면 배달이 불가해 50분에 한 대 있는 버스를 타고 가서 택시를 타고 가지고 온 귀한 치킨

어렵게 찾아와 더 맛있는 치킨을 앞에 두고 인증샷을 찍어 친구에게 보냈다. 모바일 메신저에 숫자 '1'이 사라짐과 동시에 전화가 왔다.

"배달이 왜 안 돼?"

"우리 집이 산 중턱이라 배달이 안 된대."

"배달 안 되는 동네인 줄 알고 있었어?"

"알았겠냐. 우리 민족은 배달의 민족이라니 어디나 다 배달될 줄 알았지."

한숨과 함께 친구가 걱정을 퍼부었다. 요리도 싫어하면서 배달 없이 어찌 살 거냐며.

맞다. 치킨 배송 불가는 문제도 아니었다. 식사 준비가 쉬워지도록 돕는 반찬, 간편식, 반조리 식품도 배송이 안 되는 것이 더 큰 문제였다. 서울에서는 새벽배송업체의 VIP 고객이었다. 한 주에 두 번은 이용했다. 채소나 과일이 섞이기도 했지만 주요 구입 품목은 반찬, 간편식, 반조리 식품이었다. 건강과 포장 쓰레기가 걱정됐지만, 요리 시간과 과정을 최소화해 주는 장점이 너무 컸다.

요리에는 멀티태스킹이 필수다. 한 번에 한 가지 일만 하는 것을 선호하다 보니 요리만 하면 예민해졌다. 칼질이 익숙지 않고 요령도 없어 재료 손질이 오래 걸리는 것도 싫었다. 한 가지 음식에 레시피는 어찌나 많은지. 내가 할만한 레시피를 고르는 것도 일이고, 레시피대로 정확하게 계량해서 요리해도 입맛에 안 맞는 경우도 많아 요리는 난제였다. 시간은 오래 걸리고 과정은 복잡한데 결과물까지 장담할 수 없으니 요리에 매달릴 마음도 시간도 의지도 생기지 않았다. 성과가 낮은 요리를 잘해보려 애쓰느니 그 시간에 내가 좋아하는 일, 나를 성장시키는 일을 하는 것이 더 효율적이었다. 그저 대체할 수 있는 것들이 많으니 다행이라 여겼다. 요리하지 않아도 괜찮은 서울의 삶이었다.

제주 시골에 산다는 이유로 요리를 대체하는 것들이 사

라지고 나니 어쩔 수 없이 요리해야 했다. 카레를 만들며 당근, 양파, 감자, 애호박, 브로콜리를 써는데 노래를 흥얼거렸다. 분명 서울에서는 썰어야 할 것이 많으면 짜증이 났는데 그 짜증이 사라졌다. 서툰 칼질로 고르지 않은 크기마저 밉지 않았다. 어쩔 수 없이 해야 한다며 주방에 섰는데 '이왕 하는 거 재밌게 하지 뭐.'라는 생각이 나도 모르게 든 덕분이었다. 요리하면서 음악을 듣는 일이 거의 없었는데 음악을 켰다. 느리면 어때, 서툴면 어때. 천천히 차근차근하면 된다는 배짱이 생겼다. 게다가 맛 평가도 너그러워졌다. 짜지만 않으면 괜찮다고 생각하게 됐다. 노래를 흥얼거리지 않았더라면 눈치채지 못했을 자연스러운 변화였다.

여유가 생기자 '잘해야 한다.'라는 압박, '빨리해야 한다.'라는 강박에 빡빡하던 마음이 느슨해졌다. '잘'이라는 기준이 뛰어난 성과를 의미하지 않고 '할 수 있는 만큼'이라는 선을 갖게 됐고, '빨리'라는 속도는 최대한 대신 '버겁지 않은'이라는 선을 갖게 됐다. '피할 수 없으면 즐겨라.'는 말은 일에만 적용된다고 생각했는데, 요리에도 적용하게 됐다. 천천히 하나씩 새로운 메뉴에 도전했다.

서울에서는 냉장고가 깔끔했다. 배달온 반찬과 배달온 재료들이 플라스틱 포장 용기와 비닐 안에 담겨 차곡차곡 쌓아졌다. 플라스틱 용기 채로 식탁에 올릴 수는 없어 접시로 옮겨 담느라 설거짓거리가 생겼지만 직접 요리할 때보다는 훨씬 적은 양이고, 요리하는 시간이 안 드니 가뿐했다. 분리수거함은 빠르게 채워져 매번 공간이 부족해 아슬아슬 쓰레기 탑이 쌓였지만 베란다 구석에 있어 안 보이니 괜찮았다. 쓰레기 더미를 숨겨두고 깔끔하다 만족했다.

제주에 와서 일주일이 되도록 헐렁한 분리수거함을 보며 서울에서의 내 생각을 바로잡았다. 비록 제주 냉장고는 각종 재료가 불규칙적으로 쌓여있지만 제주에서의 삶이 훨씬 더 깔끔하다고. 배달 음식이나 간편식 등은 우리 가족의 양에 맞춰진 것이 아니기에 음식물 쓰레기도 많이 나왔다. 직접 요리하니 먹을 만큼만 해서 음식물 쓰레기도 줄었다. 그동안 편리함을 내세워 얼마나 많은 쓰레기를 발생시키며 살았는지 당황스럽기까지 했다. 배달이 안 돼서 불편하다는 생각에서 벗어났다. 배달이 안 돼서 다행이라는 생각마저 한다.

여전히 요리는 어려웠지만 자연에는 보탬이 되고 있다고 의미를 부여하니 조금씩 행동반경이 넓어졌다. 스펀지 수세미 대신 천연 수세미를 쓰게 됐고, 플라스틱 용기 사용을 줄이기 위해 샴푸, 바디워시, 주방세제 대신 비누를 쓴다. 가끔 가게에 음식을 포장하러 갈 때면 집에서 포장 용기를 챙겨 가는 것도 잊지 않는다. 물론 텀블러와 장바구니는 외출 필수 소지품이다.

  배달의 민족을 포기했더니 제로웨이스트 문화에 저절로 동참하게 됐다. 불편하지만 마음은 뿌듯하다. 작은 활동에 거창한 의미를 부여하는 것 같아도 나만을 위하는 행동이 아닌 자연을 위한, 다음 세대를 위한 수고이니까. 어쩌면 배달이 안 되는 불편은 빠른 속도에 익숙해져 생겨난 문제다. 사실 건강한 삶에서는 쓰레기를 더 많이 배출하는 것을 불편하게 여겨야 하지 않을까. 배달 음식에 의존하며 내 시간을 아끼려 애쓰던 삶에서 우선했던 가치를 이동한다. 내 시간 절약보다 자연의 수명 연장을 우선해 보기로. 직접 요리하고 플라스틱 사용을 줄이는 불편을 감내하며 지속 가능한 삶에 힘을 보태는 것으로. 불편을 느끼는 감정의 주체를 나한테만 두지 않고 자연의 불편을 살피며 조금 더 가치 있는 삶을 살기로 한다.

  배달 없는 삶이 괜찮아진 것도, 직접 요리하는 삶이 자연스러워진 것도, 플라스틱 사용을 줄이려 비누로 씻는 삶이 익숙해진 것도 여유의 힘이다. 여유는 불리한 상황을 탓하기보다 긍정적으로 바라보게 하는 힘을 키운다. 불편을 불만으로 인지하게 두지 않고 긍정적인 의미를 찾게 한 것. 특히 속도보다는 가치를 더 마음에 두게 했다. 오늘도 외출하는 내 가방 안에는 텀블러가 있고, 작게 접힌 장바구니가 있다. 핸드폰 다음으로 챙겼다. 여유로워진 내가 뿌듯함까지 챙겨 나서니 발걸음은 절로 경쾌하다.

나만 생각하다 보면

　머리카락은 바람의 방향을 가늠하고 정수리는 햇빛의 열기를 가늠하고 피부는 공기의 물기를 가늠한다. 앞뒤 좌우 보고 싶은 곳을 바라보며, 팔은 바람을 가르고, 발은 땅의 굴곡을 느끼고, 다리는 앞으로 나아간다. 지금 나는 걷고 있다. 내 몸의 모든 감각이 열리는 생동감을 느끼며, 내가 움직인 만큼 나아가는 정직함을 느낀다. 편한 신발 한 켤레만 있으면 되는 소박함도 좋아 나는 걷기가 좋다.

　제주에 사는 동안 꼭 해보고 싶었던 일이 올레길 완주였다. 제주의 매력을 구석구석 알 수 있어 설레었고, 제주를 빠뜨림 없이 한 바퀴 돌아볼 수 있어 기대됐다. 풍경에 녹아든 파란색, 주황색 화살표와 리본만 따라 걸으면 되니 지도를 보느라 고개를 숙일 필요가 없어 좋았다. 하지만 마음먹었다고 바로 실행에 옮기기는 쉽지 않았다. 혼자 걷는 것을 개의치 않았지만, 남편은 아니었다. 인적 드문 길이 많다며 혼자 걷는 것은 극구 반대했다. 떨어져 사는 주말부부의 삶에 괜한 걱정까지 보태기 싫어 동네 성당 교우들과 올레길 모임을 만들었다.

매주 수요일, 두 명 이상만 모이면 올레길을 걷기로 했다. 멤버의 대다수가 초등학생 학부모라 코스 길이에 따라 도착지에서 학교까지 하교 시간을 맞출 수 있으면 온전한 한 코스를, 그렇지 못하면 절반을 나눠서 걷기로 했다.

올레 1코스부터 차근차근 걷는 여정. 올레 3-A 코스는 전반부와 후반부로 나눠 걸었다. 이날은 전반부, 온평 포구에서 김영갑 갤러리까지를 걸었다. 길은 막바지에 다다르고 한낮이 되며 해는 뜨겁게 내리쬐고 우리를 숨겨줄 그늘은 없고. 모두가 지칠 무렵, 우리뿐인 길 위에서 누군가 음악을 틀었다. 앞서가던 한 명이 노래를 따라 불렀고, 그 뒤를 따르던 한 명이 춤을 췄다. 아래로 꺼져가던 에너지가 순식간에 방향을 바꿨다. 모두 어깨를 덩실거렸고 엉덩이를 씰룩였다. 누군가는 뾰족하게 검지를 세워 하늘을 찔렀고, 나는 양옆으로 어깨를 오르락내리락하며 박자를 탔다.

깔깔깔. 낙엽만 굴러가도 웃는다는 10대처럼 우리도 환한 웃음을 터뜨렸다. 누군가의 엄마, 누군가의 아내, 누군가의 무엇도 아닌 그저 '나'로 마냥 자유로웠다. 춤이 웃겨서, 오랜만에 리듬 탄 몸이 낯설어서 시작된 웃음은 마지막엔 온전한 즐거움만 남겼다. "소녀처럼 웃었네."라는 일행의 말이 찡했던 건, 오롯한 '나'로만 존재하는 기분이 오랜만이어서였다.

나만 챙겨도 되는 길 위에서 내 욕구를 있는 그대로 드러낼 수 있었다. 나이라는 잣대를 들이밀어 춤을 막지 않았고, 완벽해야 한다는 강박에서 벗어나 가사와 박자의 정확성 대신 느낌 충만하게 살려 노래를 불렀다. 흥을 감추는 흥얼거림이 아닌 한껏 드러내도록 목소리를 키워서. 안내 리본 덕에 길 잃을 걱정이 없으니 일행과 조금 떨어지더라도 마음이 머무는 곳에 멈춰 섰고, 혼자만의 세상에 있고 싶을 때면 일행을 저 뒤로 두고 앞서 걷기도 했다. 물론 따스한 온기가 필요할 때면 일행 사이를 비집고 들어가 다닥다닥 붙어 걸었다.

김영갑 갤러리에서 표선해수욕장까지 걷는 날. 이날은

제일 적은 인원인 네 명이 참석했다. 가장 많을 때는 열한 명이 참석했던 것과 비교하면 절반 넘게 줄어든 인원이지만 길 위에서는 또 다른 인연이 그 빈자리를 채운다. 다리 중간 부분이 고픈 배처럼 푹 꺼졌다고 해서 붙여진 이름, 배고픈 다리를 지나자마자 동네잔치를 만났다. 바다를 옆에 둔 공터에 넓게 펼쳐진 술판. 잔치라고 하기에는 조금 차분했기에 위로의 자리인가 싶어 멀찍이 거리를 두고 걸으려는 찰나, 아저씨 한 분이 우리를 불러 세웠다. 얼음과 마실 것들로 가득 찬 스티로폼 박스를 가리키며 말했다. "지나가는 손님도 손님이지. 물이랑 맥주 좀 가져가요. 시원해요."

한 손에는 맥주, 한 손에는 생수를 들고 도착한 곳은 표선 해수욕장이었다. 매번 보던 집 근처 함덕의 에메랄드빛 바다와는 또 다른 진한 푸른빛이 우리를 반겼다. 갑자기 신발과 양말을 벗는 일행을 따라 나도 신발과 양말을 벗었다. 답답한 신발 안에 갇혀 있던 발은 고운 모래 위에서 휴식을 취하리라 기대했지만, 뜨겁게 달궈진 모래는 그대로 바다로 달려가게 했다. 이미 땀에 흠뻑 젖은 옷과 몸인데 바다에 더 젖으면 어떠랴. 다른 사람에게 내가 어떻게 보일지 의식하는 마음은 멀리 던져두고 내 마음이 바라는 대로 했다. 시원하니 그저 좋았다. 구름은 적당히 해를 가리고, 뜨거웠던 발바닥은 차가워지고, 목구멍을 따라 내려가는 맥주는 알싸하고, 바람은 땀을 식히고, 눈은 탁 트인 바다를 담고. 일행 모두는 돌림노래처럼 같은 말을 반복했다. "바로 여기가 천국이구나."

매주 수요일 올레길 여행을 떠난다. 직장인, 아내, 엄마라는 모든 수식어를 떼고 '나'만을 위한 여행을 떠난다. 일, 집안일, 육아에 매여 나만을 위한 시간을 갖기 어려웠던 내가 내 마음을 들여다본다. 마음 가는 대로 느리게 걸었다 빠르게 걸었다 혼자 걸었다 함께 걸었다 하며 깊이 묻어두었던 마음을 꺼내 마주하는 여행이다. 반짝이는 바다를 보며 아픈 마음을 다독이고, 힘껏 피어난 들꽃을 보며 몰라줬던 마음을 알아채고, 오름 정상에서 막아뒀던 마음을 풀어주며 해방감을 느꼈다. 탁 트인 자연이 마음까지도 자유롭게 했다.

마음이 해방되니 하고 싶은 것도 많아지고 하고 싶은 것을 해볼 용기도 커졌다. 어떤 역할, 어떤 직책으로 나를 설명하지 않고 어떤 취향을 가졌고, 어떤 관심사가 있는지로 나를 설명하게 됐다. 특히 무언가를 이뤘고, 이뤄야 하는 마흔이 아닌 여전히 무언가를 하고 싶고, 하고 싶은 마음을 따라 움직이는 마흔을 살게 됐다. 성과보다는 즐거움을 따라 사는 삶이다.

길 위에서 마음만 열리는 것은 아니다. 더 빨리 걸어 더 많이 보려 하지 않고 내 마음과 몸이 바라는 속도에 맞춰 느긋하게 걸었더니 몸의 감각도 열렸다. 팽팽하게 당겨지는 근육이 곳곳에서 느껴졌고, 바람이 피부 솜털을 간질이는 것도 느껴졌다. 가끔은 바람이 속눈썹을 스치고 가는 것까지 느껴졌는데 이건 환상이려나 현실이려나. 열린 감각으로 소소한 변화를 쉽게 알아채게 된 나는 곧잘 감탄한다. 나이를 먹으며 무뎌진 내가 아닌 여전히 설렘으로 가득 찬 나를 만난다.

걸었을 뿐이다. 매주 한 번씩 올레길을 걸었을 뿐인데 생기있는 존재로 다채로운 삶을 산다. 완주하는 올레길이 늘어날수록 나를 조급하게 하던 불안과 걱정이 흩어졌고, 재촉하며 바쁘게만 걷던 걸음이 느려졌고, 묵직하기만 하던 몸이 가벼워졌다. 앞으로 나아가다가도 뒤를 돌아보고 뒷걸음질 치기 마련인데, 매주 걸으니 뒷걸음질 좀 치더라도 나아가는 폭이 더 컸다. 걸을수록 더욱 여유로워지고 자유로워지는 것. 이 좋은 걷기를 멈출 수 없다.

어떤 물건을
소유한 사람 대신

한 장소에서 쇼핑·외식·문화 체험 등을 즐기는 몰링Malling이 소비 트렌드가 된 지는 꽤 오래됐다. 그리고 우리 가족은 이 트렌드에 적극적으로 동참했다. 특별한 일정이 없는 주말에는 당연하듯 복합쇼핑몰에 갔다. 특별히 사야 할 것이 있어서 찾아간 장소가 아니라 시간과 끼니를 때우기 위해 선택된 장소였다.

주말이면 에너지가 바닥나 재충전이 필요했다. 쉬고 싶은 나와 나랑 놀고 싶은 아이의 대치. 아이의 당연한 욕구를 외면할 수 없어서 복합쇼핑몰로 갔다. 최소한의 에너지만 써서 아이와 놀아주려는 꼼수였다. 쾌적한 공간을 걸으며 이것저것 구경하고, 몇 개 없는 놀이기구도 타고, 더러는 전시회도 보고, 맛있는 것도 먹을 수 있으니 안성맞춤이었다.

분명 집을 나설 때는 가방 하나만 내 손에 들려 있었는데 집으로 돌아오는 길에는 나와 남편, 아이의 손에 모두 하나씩 쇼핑백이 들렸다. 하나면 다행이지만 몇 개씩 들려 있는 때도 많았다. 견물생심은 인지상정이니 충동구매를 한 결과였다. 물건이 눈앞에 보이면 잊고 있었던 필요가 떠올라 '이왕 왔는데.'라는 이유를 덧붙여 내 것으로 만들었다. 몰랐던 필요가 불쑥 떠오르면 '이러려고 돈 버는 거지….'라며 카드를 꺼냈다.

"오빠도 망설이지 말고 하나 사."

나만 사면 눈치가 보이니 남편에게도 쇼핑을 권했다. 남편이라고 나와 다를까. 옆에서 사라고 부추기기까지 하니 처음부터 계획하고 사러 온 양 그도 카드를 꺼냈다.

"엄마, 구경만 할게."

정말 아이는 사달라 하지 않고 구경만 했다. 문제는 그 구경이 끝날 줄 모른다는 것. "조금만 더, 조금만 더."를 외치는 아이를 장난감 가게에서 끌어내느라 결국 손에 장난감 하나를 쥐여줘야 했다. 최소한의 에너지를 쓰고자 왔는데 지금 여기서 나가야 한다고 아이를 설득하며 실랑이할 힘이 없었다. 시간도 돈이니, 장난감 가게에서 머무는 시간을 줄이느라 장난감을 하나 더 산 돈은 시간과 맞교환이기에 낭비가 아니라고 여겼다.

막상 물건을 살 때는 좋았는데 집으로 돌아오는 길은 불편했다. 아껴야 잘 산다는데 잘 살지 못하는 것 같았다. 충동구매에 대한 자책이 쇼핑백을 째려보게 했다. 이성적이지 못했던 나를 탓하는 불편함이 오래 이어졌다면 몰링의 매력은 반감됐겠지만, 내게는 합리화라는 무기가 있었다. '나도 돈을 버는데 사고 싶은 것도 마음대로 못사나! 사치품을 사는 것도 아니고 기껏해야 옷 한 벌, 책 한 권, 살림살이들인데 계획 없이 살 수도 있지! 돈 버는 사람이 돈으로 스트레스 좀 풀겠다는데 과한 것도 아니고!' 특히 합리화의 핵심은 스트레스였다. 일하며 잔뜩 스트레스 받은 가여운 나를 위해 이 정도의 소비는 얼마든지 해도 된다고 생각했다. 스트레스를 풀기 위해 다른 무엇을 할 시간도 없는데 쇼핑으로 스트레스가 풀리면 다행이라고 다독였다. 여기에 남편은 한 수 더 보태 우리의 충동구매가 포함된 몰링을 즐겁게 포장하는 쇼핑 송을 만들었다.

"탕진잼 탕진잼 탕진잼을 누려요."

제주에 오니 백화점도 없고 복합쇼핑몰도 없다. 그 대신 에너지가 있다. 회사 일과 집안일이 얽혔던 서울의 삶에서 과했던 회사 일이 빠지고 나니 에너지가 남았다. 굳이 아이와 시간을 보내는데 최소한의 에너지를 쓰겠다는 마음 같은 건 먹지 않아도 됐다. 게다가 복합쇼핑몰을 걷는 것보다 곶자왈과 바닷길을 걷는 것이 내게도 아이에게도 더 즐거우니 몰링은 필요치 않았다. 마음이 여유롭고 자연이 치유하니 스트레스가 적어 돈으로 스트레스를 풀어야겠다는 생각마저 존재를 감췄다. 탕진잼이 사라진 자리는 힐링잼이 채웠다.

충동구매 습관이 단숨에 사라지지는 않았다. 자기 전 침대에 누워 인터넷 쇼핑몰을 들락거렸다. 현관 앞에 택배 상자가 쌓였다. 처음에는 택배 상자를 열어보며 희열을 느꼈는데 점점 시들해졌다. 잘 뜯어지지 않는 테이프를 다 분리해야 하는 것도 귀찮고, 택배 상자가 차곡차곡 쌓이며 쓰레기가 늘어나는 것도 불편했다. 바다 건너오다 보니 주문하고 며칠 뒤에 물건이 도착했는데 시간이 흐르는 동안 물건에 대한 열망도 식었다. 충동구매를 제일 많이 하게 되는 대상은 옷. 스타일과 사이즈를 짐작해서 사니 반품하는 경우도 잦았다. 아무리 반품 프로세스가 간편하다고 해도 추가로 드는 배송비며 물건을 고르고 기다리고 돌려보내는 시간까지 낭비라는 생각이 들었다. 인터넷 쇼핑몰 접속 시간이 점점 줄었다.

서울에서의 외출은 대부분 회사로 향했지만 제주에서의 외출은 다양한 곳을 향한다. 학교, 마트, 도서관, 곶자왈, 바닷길 등등. 외출 장소가 다양하다고 해서 패션이 다양하지는 않다. 해변이나 잔디밭, 흙바닥에 주저앉는 일이 많기에 툭툭 털기 쉬운 청바지면 충분하다. 게다가 걷는 날이 많아 땀도 잘 흘리니 고급 니트, 블라우스는 필요치 않다. 잘 마르는 면티가 좋다. 가방 역시 바닥에 털썩 내려놓는 경우가 잦기에 에코백이 제일 부담 없다. 비싸고 좋은 옷이나 가방은 쓸모를 잃었다. 내 충동구매를 가장 부추겼던 '옷'에 대한 욕구가 옅어졌다. 그냥 있던 것을 편하게 입으면 그만이다.

직장인은 시킨 일을 잘 해내는 사람이다. 주도적으로 일하지만 회사가 시킨 일의 범위 안에서다. 내가 사고 싶은 물건을 사며 쇼핑으로 주도성에 대한 욕구를 채웠다. 퇴사 후 제주에서는 글을 쓰며 내가 선택한 삶을 산다. 생존과 육아를 위한 필수 활동을 제외하고는 내가 하고 싶은 일들로 하루를 채운다. 주도적인 삶을 사니 옷을 넘어 쇼핑 욕구 자체가 옅어졌다. 게다가 쓰고 걸으며 생각을 정돈하는 시간이 늘어나자 소비에서 얻는 기쁨은 점점 힘을 잃었다. 찰나의 기쁨이고, 허무가 따라오는 기쁨이라는 실체를 파악했다. 어떤 물건을 소유한 사람으로 나를 드러내기보다 시간의 여유를 우선한 삶의 방식으로 내가 어떤 사람인지 이해하게 됐다.

매 시즌 새 상품을 살피고 하나 이상은 구입하던 최애 의류 브랜드 매장이 제주에 생겼다. 집에서 멀기는 해도 못 갈 거리는 아닌데 지금껏 딱 한 번 들렀다. 관심에서 멀어진 것. 새 옷 좀 안 입고 후줄근한 옷을 입어도 숲과 바다를 누비는 나는 충분히 멋지기에 옷 사러 가는 시간과 에너지가 아깝다. 일상적 충동구매는 이제 내게 드문 일이 됐다. 대신 그 자리에 충동적으로 숲에 가고 바다에 가는 내가 있다.

스스로를 다그치지 않는 도전

꼬불꼬불 굽어진 길을 내려간다. 내비게이션은 연이어 '급경사 구간'임을 알렸다. 핸들을 잡은 손에는 바짝 힘이 들어가고 50km/h 구간을 40km/h 언저리로 달리면서도 액셀보단 브레이크에 발이 더 자주 갔다. 핸들을 과감하게 돌려 반대편으로 방향을 트니 눈앞이 탁 트였다. 정면으로 하늘과 바다가 동시에 보였다. 하늘에는 흰 구름이 몽글몽글 피었고, 바다에는 배가 점으로 찍혔다. 양옆은 곧게 뻗은 나무가 호위무사처럼 섰다. 잔뜩 긴장한 몸과 달리 입은 여유롭게 탄성을 내뱉었다. "와, 정말 좋다. 이걸 보려고 운전하는 거지."

조심성 많은 안전 운전자의 주행기가 아니다. 모든 게 서툰 초보운전자의 주행기다. 내 나이 마흔이 돼서야 운전을 시작했다. 사실 하지 않고 살 수 있다면 끝까지 하고 싶지 않았다. 여덟 살 때 횡단보도를 건너다 음주운전 트럭에 치인 기억 때문이었는데, 강렬한 빛에 부딪혀 하늘로 튕겨 올랐던 경험은 버스나 트럭이 다가오면 나를 움츠러들게 했다. 내가 삼켜지는 기분이 들었다.

차가 속력을 내서 쌩쌩 달릴 때도, 막히는 길에서 가다 서다 할 때도 트럭이나 버스가 옆에 다가오면 문 위에 붙은 손잡이를 잡았다. 각자의 차로를 잘 달리고 있는데도 그랬다. 운전은 불가능했다. 게다가 운전하지 않아도 불편하지 않았다. 구석구석까지 연결된 버스와 지하철이 있는 서울에 살았으니까.

"운전면허 학원부터 등록해."

제주 이주에 남편이 유일하게 내세운 조건은 운전이었다. 제주는 대중교통이 원활하지 않으니 운전은 필수라고 했다. 게다가 아이를 키우는 집에서 위급 상황이 발생할 수도 있는데 자신이 서울에 있는 평일에는 어떻게 할 거냐며 반드시 내가 운전해야만 한다고 했다. 미적거리는 내게 남편은 쐐기를 박았다. 이사 직후 도착하도록 내 차를 주문해

버린 것. 면허도 없는데 차는 있는 엉뚱한 상황을 만들 수 없어, 차 주문을 통보받은 후 운전면허 학원에 등록했다.

기능시험까지는 괜찮았다. 문제는 도로 주행이었다. 예측할 수 없는 상황이 일어나는 도로에서 나를 잡아먹을 듯 내 옆으로 달려드는 트럭과 버스에 나도 나를 어찌할 수 없었다. 핸들은 자주 강사 손에 넘어갔고, 강사가 몇 번을 말해야 겨우 액셀을 밟을 수 있었다. 결국 도로 주행 시험을 보지 못하고 제주로 내려왔다.

차 없이도 살아졌다. 50분 간격으로 버스가 배차됐지만 정해진 시간에 맞춰 정류장에 도착하니 시간표만 잘 챙기면 됐다. 급하거나 짐이 많을 때는 택시를 타면 됐다. 느긋한 일상에서 시간이 조금씩 더 걸리는 것은 큰 문제가 되지 않았다.

나는 괜찮았지만, 아이가 괜찮지 않았다. 걸어서 15분이 걸리는 학교가 문제였다. 화창한 날에는 귤밭도 보고 들꽃도 보고 바다도 보며 걸으니 좋았는데, 문제는 비 오는 날이었다. 비만 오면 괜찮은데 바람까지 불면 대책이 없었다. 제주 바람은 거세서 비가 오는데 바람까지 불면 비는 세로가 아닌 가로로 내렸다. 우산을 펼 수도 없게 만드는 비가 온몸을 때렸다.

다행히 등교할 때는 무료 통학버스를 이용하고 하굣길은 종종 이웃들이 태워줬지만, 일기예보에 전전긍긍하는 내가 싫어졌다. 비 오는 날에는 장화 신고 비옷 입고 이것도 추억이라며 애써 아이에게 웃어 보였지만 무능한 나를 탓했다.

제주에 사는 로망을 실현할 수 없음도 불만이었다. '아, 오름 오르고 싶다.', '오늘 날씨에는 해변 산책을 해야 하는데…' 생각이 불쑥 들면 훌쩍 나서야 하는데 그럴 수 없어 답답했다. 주차장에 번쩍번쩍 새 차가 서 있는데 주방 창문 너머로 바라봐야만 하는 현실은 나를 주눅 들게 했다.

지금까지 운전은 내게 해결 불가능한 과제였다. 두려움을 직면해서 이를 극복하기에는 여유가 없었다. 편리한 서울이니 극복할 필요도 없었다. 하지만 상황이 달라졌다. 살고 싶은 곳에서 제대로 잘 살고 싶다는 의지에 제동이 걸렸다. 불편도 감내할 수 있는 수준이 아니었다. 게다가 마음 살피는 것을 우선하고자 하는 삶에서 마음을 들여볼 여유도 충분했다.

누구나 다 하는 운전인데. 도로에 저 많은 차가 사고 없이 달리고 있는데. 나는 범법자인 음주 운전자에게 사고를 당했고, 법을 지키면 안전할 텐데. 내가 나를 다독이며 두려움을 지우고자 애썼다. '할 수 있다. 버스도 트럭도 제 갈 길

가는 자동차일 뿐이다.'라며 주문을 외웠다. 트럭에 부딪혀 빛에 삼켜졌던 나보다 트럭에 부딪혀 살아난 나를 선명히 떠올렸다. 살고 싶은 삶을 살기 위해 꼭 필요한 도전이라며 마음을 다잡았다.

"엄마, 오늘 운전 학원 가는 날이야?"

제주에 온 지 두 달이 지나 운전면허 학원에 등록했다. 그때부터 아이는 매일 내 일정을 챙겼다. 일주일에 두 번 가는 것이라 말했음에도 운전면허 학원에 가는 날인지 아닌지를 아침마다 물었다. 학원에 가는 날이라고 대답하면 어김없이 나를 꼭 끌어안았다. "엄마, 용감하게 잘하고 와."

무엇보다 살고 싶은 곳에서 제대로 잘 살고 싶다는 의지가 나를 움직였다. 이제껏 외면하기만 했던 두려움에 갇힌 나를 직면하게 했다. 여기에 아이의 응원이 더해져 나는 무사히 내 이름이 적힌 운전면허증을 손에 넣었다. 물론 남들은 6시간 정도 받는 도로 연수를 15시간이나 받은 뒤에야 홀로 운전이 가능했다. 사실 강사가 그만 부르라고 해서 15시간이었지, 더 부르고 싶은 마음이 굴뚝이었다.

운전을 시작하고 제한 속도 정도는 맞출 수 있게 되자 생활이 많은 부분 달라졌다. 아이는 날씨와 컨디션에 따라 걸어서 집에 올지 차로 집에 올지 하고 방법을 선택한다. 활동

기회도 많아졌다. 바이올린을 사랑하는 아이는 시내에 연습실이 있어 청소년 오케스트라 활동을 할 수 없었는데 운전하니 내가 데려다줄 수 있게 됐다. 도서관 탐방도 독립서점 나들이도 가능하다. 좋은 강의나 공연이 있으면 거리와 가는 방법을 고민하지 않고 예매한다.

제주에 사는 로망도 맘껏 실현한다. 노을 지는 풍경을 누리기 위해 해 질 무렵 붉은 해가 동그랗게 모습을 드러내면 일몰을 보러 10분을 달려 항구로 간다. 캠핑 의자와 간식을 챙겨 색색으로 물든 하늘을 만끽하고 돌아온다. 걷고 싶은 날에는 아이를 학교에 보내두고 휘리릭 목적지로 가서 오름을 오르고, 곶자왈을 걷고, 올레길을 걷는다. 물론 아이와 함께 걷기도 한다. 시간, 거리 구애 없이 살고 싶은 곳을 마음 내키는 대로 누비며 일상은 더 풍요로워졌다.

평생 하지 못할 것 같던 운전을 하게 된 건 삶에 여유가 생겨서다. 우리가 '여유'하면 떠올리는 시간과 물질의 넉넉함에서 시간이 넉넉해졌기 때문만은 아니다. 여유는 느긋하고 차분하게 생각하거나 행동하는 것 또는 대범하고 너그럽게 일을 처리하는 것도 의미한다. 시간이 넉넉해져 운전을 가로막던 두려움을 차분하게 들여다보게 됐고 결국 대범하게 운전에 도전하게 됐다. 여유의 모든 의미가 함께 작용해 절대 극복하지 못하리라 여겼던 두려움에서 벗어났다.

지금까지 도전은 몰아치고 다그치는 상황에서 이뤄진다고 생각했다. 일잘러 시절에도 도전을 마주하면 더 열심히 해야 한다고 왜 의지가 그것뿐이냐며 나를 몰아치고 다그쳤다. 내가 결국 일잘러의 삶을 놓아버린 건 어쩌면 도전에도 여유가 필요함을 몰랐던 탓이 아닐까. 차분히 생각하고 대범해야 하는데 전전긍긍 초조해했으니 일에 대한 도전의지가 상실된 것. 잃어버린 것을 후회하지는 않는다. 앞으로 내가 선택할 많은 도전에서 여유를 망각하지 않으면 된다. 운전도 해냈는데 뭔들 못하랴.

햇살은 따사롭고 바람은 상쾌하다. 하늘은 높고 구름은 멀다. 너무 아름다운 가을날이다. 오늘은 하굣길 아이와 함께 함덕 서우봉으로 나서야겠다. 한껏 빛날 바다를, 바람에 춤출 억새를, 그 사이에서 유유자적 풀을 뜯을 말을 두 눈에 담고 와야겠다. 몇 시에 버스가 도착할지 더는 버스 시간표를 보지 않는다. 이제 나는 어디든 갈 수 있고 무엇이든 할 수 있는 여유로운 오너 드라이버다.

여유를 선택한 사람의 루틴

가성비에 이어 시간 대비 성능을 따지는 '시성비'라는 말이 등장했다. 영상을 소비할 때 1.0의 정속보다 1.25배속에서 2배속까지 빨리 감기로 보거나 '10초 건너뛰기'로 필요한 장면만 골라 보거나 요약본을 찾아보는 것은 다 시성비의 영향이다. 소비하고 싶은 콘텐츠는 많고 시간은 제한적이라서 그렇다. 영상 보기와 같이 여가에서도 효율을 따지는 시대가 됐다. 시성비의 시대를 역행해 정속보다 더 느린 자연의 변화를 매일 살피는 행동은 삶에 어떤 영향을 줄까?

비 오는 어느 휴일, 아이 친구네 가족과 함께 붉은오름 자연휴양림을 찾았다. 비가 오기에 역시 찾아간 곳이었다. 숲에서 퍼지는 향은 물기를 머금었을 때 더 깊고 진하기에 자작자작 내리는 비는 오히려 매력이 됐다. 게다가 비옷이 첫 번째 보호막이 되어주고, 숲이 두 번째 보호막이 되어줄 것이기에 망설일 이유가 없었다.

"곰솔 나무가 많네."

나무에 걸린 팻말에서 '곰솔'이 계속 등장하자 나도 모르게 중얼거렸다.

"엄마, 곰솔?"

"이모, 곰솔 나무가 많아요?"

아이들은 내 작은 목소리를 놓치지 않았다. 곰솔 나무가 얼마나 많은지 찾아보겠다는 아이들에게 나는 한 가지 미션을 더 제안했다. 얼마나 많은 종류의 나무가 있는지 나무 이름을 찾아보라고.

처음에는 팻말에 적힌 이름 글자만 확인하더니 같은 이름이 다시 보이자 아이들은 실체를 들여다봤다. 나무를 쓸어보기도 하고, 두드려 보기도 하고, 냄새를 맡아 보기도 하고, 나뭇잎 모양을 살펴보기도 했다. 몸으로 기억한 특징은 다음에 등장한 나무 이름을 맞추는 데 사용됐다. 제일 흔하게 볼 수 있었던 곰솔은 척하면 척! 단번에 맞혔고.

왕쥐똥나무, 꾸지뽕나무, 때죽나무와 같이 재미있는 나무 이름을 보고는 깔깔깔 웃음이 터졌고, 새덕이, 까마귀베개, 합다리나무와 같이 특이한 나무 이름은 왜 이렇게 붙여졌는지를 짐작해 보며 아이들은 열 개가 넘는 나무 이름을 알게 됐다. 몇몇 팻말에는 이름의 기원이 적혀 있기도 했지만, 아이들에게 공식적인 이유는 중요하지 않았다. 자신들이 만들어 낸 이유가 더 중했다.

까악까악 까마귀 소리를 내다 웃음이 터져 둘이 설명해도 무슨 말인지 제대로 알아들을 수 없었던 까마귀베개. 몇 번을 되물어서야 아이들이 생각한 이름의 기원을 알 수 있었다. 엉뚱하게도 까마귀가 나뭇잎에 누워 자기 때문이란다. 다음 나무에서는 의견이 엇갈렸다.

"엄마, 도덕에서 '덕'이 착한 마음 맞지? 분명 착한 새가 나무로 다시 태어나서 '새덕이'가 됐을 거야."

"아니야, 새가 어떻게 나무로 태어나? 동물이고 식물인데? 새가 열매를 덕덕덕 소리 내며 먹어서 '새덕이'야."

나무들이 무성하게 우거지거나 꽉 들어찬 것을 말하는 숲. 숲을 이루는 나무를 하나하나 구분해서 생각해 본 적은 없었다. 키가 큰 나무, 작은 나무, 곧게 뻗은 나무, 넓게 펼쳐진 나무 정도의 구분만 가진 채 온통 초록빛으로 기억할 뿐이었다. 어쩌면 도시에서 성장한 내가 나무 이름을 몰랐기 때문일 수도 있다. 하지만 숲은 제각각 다른 이름을 가진 나무들이 모여 있었다. 그저 초록빛, 그저 숲 향기 정도로 기억됐을 휴양림이 더 넓게 펼쳐지며 더 많은 이야기가 차올랐다.

"엄마, 저 나무 곰솔 맞지?"

걸으며 알게 된 나무 이름은 하루의 기억으로 끝나지 않았다. 하굣길 하늘을 향해 곧게 선 나무를 보고 아이가 물었다. 도시에서 나고 자라 나무 이름을 제대로 익혀본 적이 없는 내게 아이의 질문은 너무 반가웠다. 제주 시골 소녀가 되어 나무에게 이름을 불러주는 아이가 대견했다.

시골 소녀는 나무 이름을 너머 계절에 따라 꽃이 피는 순서도 알게 됐다. 제주도로 이사를 막 왔을 때 피어 있던 민들레와 철쭉을 지나 수국과 치자꽃이 피더니, 이제는 해바라기를 만난다. 게다가 하루만 보고 지나치는 것이 아니라 매일 등하굣길에 만나기에 꽃이 피고 지는 과정도 함께 한다.

여리여리한 연둣빛으로 피었다가 바깥쪽에서부터 서서히 자줏빛, 하늘빛의 고유한 색으로 물 들더니 쓸쓸히 바래지는 수국을 보고 아이는 말했다. 아기가 어른이 되었다가 할머니가 되는 것 같다고. 걸으며 만나는 이름 모를 들꽃도 어찌나 많은지. "제주도는 꽃 천지"라는 말도 내 입이 아닌 아이의 입을 통해서 나왔다.

찬찬히 들여다보면 꽃과 교감할 수 있는 걸까. 등굣길에 만난 활짝 핀 나팔꽃이 하굣길에 오므린 것을 한참 동안 들여다본 아이는 작사했다.

"나팔~꽃 나팔~꽃 아침에 피는 꽃 오후에는 뭘 먹나 잎을 다물었네."

그건 '무궁화꽃' 노래가 아니냐고 타박했지만, 아이가 만들어 내는 가사에 내 목소리는 한 톤 높아졌다.

"뭘 먹은 건데?"

"햇빛!"

아침에 해가 뜰 때 그 빛을 먹고 오후 내내 입안에 담고 있다가 깜깜한 밤에 무섭지 않으려고 꺼내 보는 거란다. 멋진 생각이라고 맞장구를 쳐주니 아이는 이야기를 하나 더 꺼냈다. 아침에 등교하는 아이들의 엔도르핀을 먹는 거라고. 이 길은 등교 시간에 아이들이 제일 많이 보이니 아침에 잎을 활짝 벌려야 한단다.

"왜 하필 엔도르핀이야?"

"아이들이 꽃을 예뻐하잖아. 이런 돌 사이에 피려면 나팔꽃한테 아이들 힘이 필요하지."

"너 같은?"

"응, 나 같은!"

'아이들이 좋아하는 꽃', '등굣길 꽃', '나 같은 꽃'. 몇 번의 수정 끝에 2절이 완성됐다.

"나팔~꽃 나팔~꽃 아침에 피는 꽃 오후에는 뭘 먹나 잎을 다물었네.

나팔~꽃 나팔~꽃 날 좋아하는 꽃 엔도르핀 먹고파 날 기다리는 꽃."

나팔꽃을 들여다보고 가사를 만들어 노래를 부르느라 땡볕 아래 20분가량을 머물렀지만, 마음을 팔랑이는 아이의 고운 목소리와 높은 하늘을 가득 채우는 아이의 웃음소리에 등허리를 따라 흐르는 땀도 까맣게 그을린 피부도 함께 즐거웠다.

나무도 꽃도 서울에도 있었을 텐데. 왜 서울에서는 모르고 지내다 제주에서 발견하는 것일까. 얼마나 쉽게 볼 수 있느냐의 차이일까. 아니면 얼마나 여유를 갖고 볼 수 있느냐의 차이일까. 시간에 쫓겨 걸음을 재촉했던 서울에서와는 달리, 제주에서는 누릴 수 있는 만큼 누리며 천천히 걸었기에 나무도 꽃도 찬찬히 눈에 담겼다. 삶의 속도를 조절했기에 마주할 수 있는 순간들이었다.

아이를 학교에 데려다주고 돌아오는 길. 더 강렬해진 햇

볕에 마흔의 피부는 노화를 걱정해야 하지만 걷는 속도는 빨라지지 않았다. 아이가 없어도 아이의 속도를 유지했다. 천천히 걸으니 마음도 천천히 흘렀다. 꽃 멍, 하늘 멍, 바다 멍을 하며 너그러워진 시선은 내게도 너그러워졌다. 다 괜찮다는 평온과 지금으로도 충분하다는 믿음이 차올랐다. 아이가 그랬던 것처럼 나 역시 꽃 이름을 궁금해하고 구름 모양을 살피고 바다 너머를 그리며 천진한 기쁨이 스몄다.

매일 자연을 눈에 담는다. 같은 꽃도 어제 피어난 정도와 오늘 피어난 정도가 다르고 같은 나무도 어제 흔들린 모습과 오늘 흔들리는 모습이 다르다. 미묘한 변화를 알아차리는 시간을 의무처럼 여긴다. 반드시 꼭 해야 할 일의 자리에 '자연 눈에 담기'가 있다. 돈을 주거나 받는 일이 아니니 지나치기 쉬워 내가 의지를 다져야만 한다. 내 삶을 내가 주도적으로 꾸려가고 있음을 쉽고 직접적으로 인지할 수 있는 일이다. 미묘한 변화는 느린 시간의 흐름 속에서 일어나기에 과거로 돌아가 바삐 흐르려는 마음을 다잡는 힘도 있다. 게다가 자연을 보며 치유되는 마음은 나를 다정하게 한다.

시간을 재촉하지 않고 사소하지만 반짝이는 변화를 알아차릴 여유를 가졌더니 행복이 가까이에서 쉽게 잡혔다. 빠른 속도에 지친 내가 아닌 느긋한 속도에 지금을 누리는 내가 있다. 지금의 느린 순간이 천천히 흘러가면 좋겠다. 건물 안의 삶에 익숙했던 나를 자연의 변화에 익숙하게 두고, 빠른 속도에 익숙했던 나를 자연의 속도에 익숙하게 두며 그렇게 늘짝늘짝 흘러가면 좋겠다. 불안한 내일보다는 충만한 오늘을 살며 행복한 내가 계속 이어지면 좋겠다.

○

나만 챙겨도 되는 길 위에서 내 욕구를 있는 그대로 드러낼 수 있었다. 나이라는 잣대를 들이밀어 춤을 막지 않았고, 완벽해야 한다는 강박에서 벗어나 가사와 박자의 정확성 대신 느낌 충만하게 살려 노래를 불렀다.

여유로워도 부지런하게 산다

Q

여유와 나태를 구분하는

기준은 뭘까?

노는 시간을 챙기는
부지런함

  동사 '놀다'는 국립국어원 표준국어대사전에 따르면 열네 개의 뜻이 있다. 퇴사한 내게 사람들은 두 번째와 세 번째 뜻인 '직업이나 일정히 하는 일이 없이 지내다.'와 '어떤 일을 하다가 일정한 동안을 쉬다.'라는 뜻으로 말했다. '노니까 좋아?'라고 물으면서. 하지만 내게 '놀다'는 '놀이나 재미있는 일을 하며 즐겁게 지내다.'라는 의미가 우선한다. 퇴사 후 시간을 주도적으로 쓰게 되면서 놀이나 재미있는 일을 하는 시간을 빼놓지 않고 챙기고 있으니까. 물론 퇴사 초반에는 나 역시 두 번째와 세 번째 뜻을 먼저 떠올렸다.

서울에서 오는 연락의 첫 마디는 대부분 같았다.

"잘 놀고 있어?"

잠시의 고민도 없이 대답했다.

"그럼, 너무 잘 놀고 있지."

'잘 쉬고 있어?'라는 의미와 같은 질문에 당연하게 인정하던 '논다'라는 말에 버퍼링이 걸렸다. 회사에서 걸려 온 전화 때문이었다.

"책임님, 안녕하세요. *** 책임입니다. 기억하세요?"

회의실에서만 얼굴을 마주한 적이 있는 업무로만 얽혔던 사이였다.

"책임님, 책임님께서 *** 개선 프로젝트 진행하셨었죠?"

"네…, 그게 2013년인가 14년인가 그랬는데요?"

그의 용건은 꽤 오래전 내가 리더였던 프로젝트에 있었다. R & R_{역할과 책임을 뜻하는 약어}이 애매했던 업무라 프로젝트 마무리에 꽤나 고생했었는데, 역시나 이 R & R이 문제였다. 많은 부서가 협업하는 일이어서 표준 가이드가 중요한데 가이드 관리를 맡겠다는 부서가 없었다. 이 부서에서 관리하다 저 부서에서 관리하며 이리저리 튕기던 업무의 히스토리를 타고 가다 보니 표준 가이드를 처음 수립했던 내게 상황 파악이 필요했던 것. 제법 생생한 기억을 자세히 꺼냈다.

"책임님이 계속 계셨다면 좋았을 텐데. 이렇게 업무에 애정이 많으신 분이 그만두신 건 더 좋은 일이 있으셔서죠? 혹시 지금 뭐 하며 지내시는지 여쭤봐도 될까요?"

눈앞에는 에메랄드빛에서 짙은 푸른 빛으로 점점 깊어지는 바다가 햇빛을 품고 반짝였다. 구름마저 지워낸 하늘이 쨍해 산책을 위해 바닷가에 들린 참이었다.

"제주도로 이사 와서 놀고 있어요. 지금도 함덕해수욕장에서 전화 받았네요."

짧은 탄성이 전화기 너머로 들렸다. 잠시 침묵 동안 나는 지금 전화하는 동료의 자리를 떠올렸다. '눈앞에는 회색 파티션과 파란색 광선을 쏘는 모니터가 있겠지. 인구밀도 높은 공간에서 사람들이 내뱉는 이산화탄소로 탁한 공기가 무겁겠지. 프로젝트 히스토리를 파악하느라 출력된 문서가 어지러이 쌓여있겠지.'

입꼬리는 올라가서 내려올 줄을 몰랐다. 사무실에 갇힌 그를 안쓰러워하며 너른 바다 앞에 선 나를 뿌듯해했다. 강남 한복판이 아닌 제주 바다 앞에선 내가 진정 용기 있는 사람이라 여겨졌다.

동료와 전화를 끊고, 의기양양하게 남편에게 전화를 걸었다. 회사에서 전화가 왔다고. 다음 말을 이으려는데 말이

막혔다. 강남 한복판은 아니지만, 남편 역시 갑갑한 서울의 한 사무실에 갇혀 있기에. 대체 나는 남편에게 무슨 말을 하려고 했던 것일까.

결국 강남 한복판에 있는 사람에게 제주 바다 앞에서 전화를 받았노라 자랑했다는 말은 꺼내지 못했다. 퇴사하고 제주에 온 내가 진정 용기 있는 사람이라 생각됐다는 말도 숨겼다. 내가 퇴사하고도 회사에서 연락받는 핵심 인재였노라 과한 뿌듯함만 건넸다.

남편과 전화를 끊으며 어쩌면 동료가 내뱉은 탄성은 감탄이 아니라 탄식이었을지도 모른다는 생각이 들었다. 남편 혼자 사무실에서 고생하게 두고 너는 제주에서 놀고 있다는. 그가 내게 뭐 하며 지내느냐고 물었을 때, 논다고 말해서는 안 됐다. 아직 출간 계약을 한 것도 아니고 이제 막 초고를 쓰고 있으니 글을 쓴다고 말하기는 어려웠더라도 '하는 일 없이 지낸다.'가 아닌 '육아하고 있다.'고는 말했어야 했다.

계속 회사에 다녔더라면 밝은 낮에 어찌 이리 해변 산책을 할 수 있었을까. 근사한 풍경을 눈에 담으며 멍하게 머무는 여유는 사치였겠지. 이 사치의 기쁨이 과해 내 일상을 나부터 '논다.'라고 규정했을지는 모르지만, 하루를 들여다보면 결코 논다고 할 수 없다. 산책은 내 일상의 일부일 뿐이니까. 산책 뒤에 이어질 육아가 나를 기다리고 있으니까. 물론 아이 한 명을 데리고 남편은 서울에 남겨두고 살면서 육아가 뭐가 힘드냐고 할지도 모르지만, 내게 독박육아는 그리 만만하지 않다.

내가 사는 제주 시골에서는 그 흔한 노란 학원 봉고차를 거의 볼 수 없다. 학생 수가 적으니 교문 앞으로 학원 차량은 오지 않는다. 노란 봉고차를 엄마 차가 대신해야 한다. 학원 수강을 최소화한다고 해도 도서관 프로그램이나 오케스트라 활동 등 아이가 학교를 벗어나 무엇인가를 배우고 싶어 하면 내가 태워줘야 한다. 친구들과 요즘 유행하는 네 컷 즉석 사진을 찍거나 문구류 쇼핑을 할 때도 엄마 차가 필요하다. 집 앞 버스 정류장에는 딱 두 대의 버스만이 50분 간격으로 운행하는 탓이다. 자연과 벗하기 좋은 시골이지만 시골에 사는 독박육아자라서 아이 꽁무니를 쫓아다닐 수밖에 없다.

아이의 일정에 매이는 것은 엄마 셔틀 노릇을 할 때만이 아니다. 저녁 시간도 그렇다. 이웃들이 가볍게 맥주를 마시자고 불러도, 글쓰기 모임을 함께 하는 벗들이 핫한 와인바에서 만나자고 해도 대부분 거절한다. 아이를 데려가야 하기에 또래 아이가 있는 집에서 하는 모임만 갈 수 있을 뿐이다. 이웃이나 벗들은 낮에 만나면 된다지만, 좋아하는 작가의 북토크나 꼭 듣고 싶었던 강좌가 저녁 시간에 열리면 신세 한탄까지 다다르려는 마음을 애써 다스려야 한다. 아쉬워도 독박육아자는 어쩔 수가 없다.

아이 꽁무니를 쫓아다녀야 하는 삶에 짜증 내지 않기 위해 나는 아이가 학교에 있는 시간을 오로지 나를 위해 쓴다. 집안일도 하지 않고 나만을 위해 쓴다. 이 시간에는 두 가지만 할 수 있다. 놀거나 글 쓰거나. 육아라는 일을 하며 놀지 않는 내가 나만을 위해 하는 일이 '논다.'라니! '놀다.'의 의미를 구분해야 했다. 하는 일이 없어서 '놀다.'가 아닌, 재미있는 일을 하며 즐겁게 보내는 '놀다.'가 필요했다.

일주일에 한 번 이상은 바다를 보고 곶자왈을 걷고, 철마다 다른 색을 뽐내며 피는 꽃들을 들여다본다. 맥주나 와인은 아니지만 커피를 마시며 사람들을 만난다. 글 쓰겠다며 마음 분주한 날에도 멍하니 머무는 순간을 빼놓지 않는다. 그렇게 내 안의 에너지를 단단하게 채우고 나면 아이를 쫓아다니며 에너지를 쏟아내도 마음을 다스릴 힘이 남는다. 긍정 에너지로 충전하고 아이를 만나면 아이가 내 에너지를 야금야금 빼앗아도 긍정 에너지가 줄었을 뿐 짜증으로 전환되는 일이 적다. 나 자신이 즐거운 시간을 챙김으로써 더 포용력 있는 엄마가 된다.

　내가 말하는 '놀다.'가 '쉰다.'라는 의미 대신 '재미있는 일을 하며 즐겁게 지내다.'라는 의미를 우선하게 되자 많은 답이 달라졌다. 너만 그렇게 놀면 남편은 어떻게 하느냐 묻는 사람들에게 처음에는 "남편도 제주에 여행하듯 와서 쉬지."라고 답했지만 지금은 달리 답한다. 괜한 걱정이라고 한다. 내가 육아를 전담하게 되면서 남편은 평일 육아 담당자를 벗어났고, 퇴근 후에 취미를 즐기게 됐다. 저녁을 먹은 뒤 바람이 시원하다며 한강으로 자전거를 타러 나가고, 달이 밝을 거라며 인왕산을 오른다. 그리고 이렇게 재미있는 일로 놀면서 채운 에너지로 그 역시 회사에서 지치지 않고 인정받으며 일하고 있다.

　일하는 남편도 부지런하게 살고, 독박육아하는 나도 부지런하게 산다. 하지만 지금의 부지런함은 전과는 결이 다르다. 노는 시간을 챙기는 부지런함이다. 놀이는 자발적 행동이고 즐거움을 추구한다. 노는 시간을 통해 자발성과 즐거움이 충족되면 '해야 하는 일'에 따라오는 답답함과 부정적 감정에 대한 민감도가 낮아진다. 긍정 정서가 채워져 있기에 같은 일이라도 짜증이 덜 나고 화가 덜 나는 것이다. 팽팽한 상태를 더 당기면 끊어지지만 느슨한 상태를 당기면 팽팽해지는 것과 같이 놀이는 나를 느슨하게 해서 독박 육아의 삶을 안정적으로 유지시킨다. 또한 놀이는 '무목적성'을 본질로 한다. 놀이에도 가르침이 있어야 한다며 성과를 따지던 결과 중심적 사고에서 노는 자체의 즐거움을 만끽하는 과정 중심적 사고로 바뀌었다. 내일보다 오늘을 충실하게 누리고자 하는 삶의 방향에 딱 들어맞으니 더욱 부지런히 논다. 부지런하게 사느라 피곤하다가 아닌 부지런해서 행복하다고 말하게 된다.

일하고 육아하고 남는 시간에 노는 것이 아니라 마음 편히 놀며 에너지를 채운 뒤 육아에 집중하는 삶이다. 노는 시간이 길지 않아도 괜찮다. 놀아도 괜찮은 여유가 앞서는 것만으로도 해야 할 일을 잘 해내는 데는 충분하다. 게다가 과정을 중시하는 삶을 살게 하니 행복한 순간이 늘었다. 이제 놀이는 시간 낭비라는 죄책감을 동반하지 않고 내게 필요한 영역이 됐다. 늘 일과 육아로만 가득 찼던 머릿속에 지금은 놀이도 한 자리를 당당하게 차지했다.

누군가 내게 잘 놀고 있냐고 묻는다면 앞으로는 다른 대답을 하겠다. '쉰다.'라는 의미를 지운 채 '재미있는 일을 하며 즐겁게 지낸다.'에 포커스를 맞춰 짧게 놀고 길게 육아한다고. 짧더라도 노는 시간을 먼저 챙기니 긴 육아가 즐거워졌다고. 하지만 짧아도 찐하게 놀고 길어도 충만한 육아를 한다고. 노는 것까지 야무지게 챙겨 둘 다 잘하느라 부지런하다고.

자연은 늘
사랑을 돌려줍니다

 취향을 반영하는 삶이 맞는 걸까? 삶이 취향을 만드는 걸까? 자연 다큐멘터리를 좋아하는 사람이 아니었다. 오랜 시간 깊이 파고들어 근사한 장면을 담아내는 정성은 귀했지만, 사람의 시선이 놓치는 자연의 움직임을 느린 속도로 담아내는 장면은 지루했다. 피아니스트이자 뉴에이지 음악 작곡가인 양방언을 좋아하기에 그가 만든 차마고도 음악 CD는 샀을지언정 그 음악으로 구성된 차마고도 다큐멘터리는 보지 않은 것도 다큐멘터리를 좋아하지 않는 취향 탓이었다.
 제주예술단의 송년음악회를 예매했다. 평소 좋아하던 베

토벤 교향곡 제9번 '합창'을 연주한다고 해서 마음이 급했다. 아이돌 공연 예매도 아닌데 위성 시계까지 동원해 제일 좋은 자리를 재빠르게 선점했다.

  너무 큰 기대가 독이 됐나. 공연 당일, 오전부터 눈보라가 심상치 않게 몰아치더니 순식간에 발이 푹푹 빠지도록 눈이 쌓였다. 오후가 되면 구름이 걷히고 눈이 녹을 거라며 하염없이 창밖을 바라봤지만 무모한 기대였다. 컴컴한 하늘에서 퍼붓는 눈만 지겹도록 보게 됐다. 당일 취소는 불가능하기에 공연 예매처에 전화를 걸었다. 매진되어 대기자가 있던 공연이라 대기자에게라도 기회가 돌아갔으면 해서.

  "오늘 공연 예매한 사람인데요. 제가 중산간에 살아서요."

  "아, 오기 힘드시겠네요."

  중산간에 산다고 했을 뿐인데 전화를 받은 직원은 내가 오지 못할 것을 알아차렸다. 죄송하다는 내 말에 그는 안전이 중요하다고 답했다. 이런 폭설에 중산간에서는 움직이지 않는 것이 최선임을 나도 그도 공감하고 있었다. 이날도 다음날도 차를 쓸 수 없었다. 제주에서 시베리아의 눈바람에 갇혀 지금 내가 사는 곳이 제주인지 제베리아인지 혼란스러워할 뿐이었다. 다행히 괜찮았다. 전날 냉장고를 꽉 채워 두었기에.

아이를 혼자 남겨두고 집을 비우는 일은 거의 없다. 하지만 폭설 전날에는 그래야만 했다. 아이에게 드물게 허락하는 영상물 시청의 자유를 내어주고 집을 나섰다. 특별한 장소에 가는 것은 아니었다. 목적지는 마트. 반드시 해야 할 일은 장보기였다. 지금 아니면 최소 이틀은 집 밖으로 나서지 못할 것이란 예감에 장보기는 먹고 살기 위해 당장 해야만 하는 무엇보다 중요한 행위였다. 1100도로에 소형차량 운행을 통제한다는 안전 안내 문자를 받은 뒤였다.

해발 180m에 위치한 우리 집은 1100도로가 지나는 한라산 중턱의 해발 1100m 고지에 비하면 한참 밑이지만, 폭설이 내리면 차량 운행이 어렵다. 안전 안내 문자가 알려주는 공식적인 통제는 아니어도 마을 사람들은 대부분 차량 운행을 멈춘다. 마트, 병원 등 생활편의시설이 있는 바닷가까지는 길이 꼬불꼬불하고 경사도 급한 탓이다. 퇴근하던 이웃집 남편이 폭설에 급경사 구간 오르기를 포기하고 차를 갓길에 세워두고 한참을 걸어왔다는 이야기에 고개가 절로 끄덕여졌다.

이사 온 첫해에는 하염없이 제설차를 기다렸다. 제설차만 다녀가면 마트에 갈 수 있으리라 생각했다. 아무리 기다려도 제설차는 오지 않았다. 인구밀도가 낮은 시골에 사니 당연한 일이었다. 제설차보다는 해를 기다려야 했다. 하지만 중산간은 해마저도 쉽게 나타나지 않았다. 눈이 그치고 바닷가 동네에 사는 지인과 약속이 있던 날. 연이어 내린 폭설의 여파로 길이 꽁꽁 얼어 내려갈 수 없노라 하자 지인은 어이없어했다. 바닷가 동네는 이미 눈이 다 녹아 사라졌는데 무슨 소리냐며. 거짓말쟁이가 아님을 증명하기 위해 빙판길을 찍어 보냈다. 왕방울만 해진 눈동자의 이모티콘이 답으로 날아왔다. 산 중턱과 산 아래가 딴 세상이라는 말과 함께.

미리 대비해야 하는 것은 폭설만이 아니었다. 여름도 미리 대비해야 했다. 습도계의 습도가 70%를 넘는 일은 일상이었다. 바닥은 끈적하고 공기는 텁텁하고 곰팡이는 두렵고. 제습기를 끌 수가 없었다. 안방에서 틀고 있으면 거실에서 찾고, 거실에 틀고 있으면 드레스룸이 찾고. 결국 제습기를 한 대 더 구입했다. 게다가 빨래가 제일 많이 나오는 계절인데 바싹 마르는 법이 없어 건조기도 사야 했다. 사시사철 바람도 살펴야 한다. 우산보다는 비옷이 더 쓸모 있고, 모자는 끈이 달려야 했다.

제주에 살다 보면 생각보다 맑은 날이 잘 없음을 알게 된다. 바람은 요란하게 부는데 나무만 흔들고 구름은 밀어내지 못하는지 우중충한 날이 잦다. 해는 뜨겁게 내리쬐는데 부유하는 습기까지 말릴 힘은 없는지 끈적한 공기가 흔하다. 따뜻한 섬이라고 하는데 거센 바람에 귀가 떨어질 듯 추운 날이 많다. 올 듯 말 듯 비는 오지 않는데 한 치 앞을 모를 안개가 시야를 자주 가린다.

예상과 다르니 민감해질 수밖에 없는 날씨. 날씨에 민감하다는 것은 맑은 날을 기다리는 마음이다. 폭설 내리는 날, 습도 높은 날, 바람 부는 날, 우중충한 날, 안개 가득한 날을 잘 견디고 맑은 날이 오면 한껏 누리겠다는 자세다. 매일 아침 일어나자마자 블라인드를 올려 하늘을 살피고, 창문을 열어 공기를 느끼는 것은 이제 루틴이 됐다.

누군가는 좋은 날씨도 많지 않은데 생활이 편하기라도 한 도심에 살지 그러냐고 하지만, 그건 중산간의 매력을 몰라서 하는 소리다. 집 마당에 서면 탁 트인 함덕 바다가 한눈에 들어온다. 바다 너머 전라도에 속한 섬이 보이냐 아니냐로 미세먼지 농도를 파악한다. 꽃이 피고 열매가 맺고 초록 열매가 노란 열매가 되는 귤의 성장사를 놓치지 않는다. 시야를 가리는 것은 회색빛 건물이 아닌 하늘로 쭉 뻗은 초록빛 나무다. 밤하늘을 보면 여러 개의 별자리를 찾을 수 있을 만큼 가득한 별을 눈에 담는다. 이렇게 멋진 풍경을 누리며 사는 데 불편한 것쯤이야!

일을 짝사랑하다 지친 마음에 자연을 향한 사랑이 움텄다. 특종을 쫓아 동분서주하던 사람이 오랜 시간 공들여야 하는 자연 다큐멘터리를 찍게 된 기분이고, 화려하고 템포 빠른 아이돌 K-PoP 같은 삶을 살던 사람이 풋풋하고 여물지 못한 목소리가 어울리는 동요와 같은 삶을 살게 된 기분이다. 단지 기분만 그런 것은 아니다. 제주의 자연을 담은 다큐멘터리는 종종 찾아보기도 한다. 사랑하는 자연의 더 깊은 모습이 궁금해서다. 늘 더 나은 나를 향해 높이 뛰기를 하며 살았는데 자연에 시선을 두고 오늘의 날씨를 살피며 사는 지금은 땅에 발을 단단히 딛고 섰음을 느낀다.

일을 짝사랑할 때는 내 노력만큼 돌려받지 못해 전전긍긍했다. 120% 노력하면 120%로 돌아오리라 기대하지만 90%만 돌려받는 기분이었다. 성과는 정점을 찍지 못해 아쉬웠고 인정은 빨리 사라져 안타까웠다. 더 크고 더 오래 인정받기 위해 더 열심히 일해야 한다고 생각했다. 회사에서 이유를 찾기보다 내게서 이유를 찾아 나를 갉아먹었다. 자연을 사랑하니 자연은 내 사랑을 감탄으로 돌려줬다. 작은 관심으로도 큰 기쁨을 누리게 했다. 아름다움을 알아보는 감각으로 기쁨을 느끼며 나는 충만해졌다. 충만한 내가 단단히 서서 나아가는 일상은 평온하다. 불안에 조급해하지 않고 화려함에 현혹되지 않은 채 나를 적당한 속도로 걷게 한다. 과하지 않고 건강한 하루를 살게 한다.

지금 내가 글을 쓰는 책상 옆으로 창문이 열려 있다. 오늘 오후부터 비가 온다는 일기예보가 틀림없을 듯 하늘은 무겁고 공기는 끈적하다. 그래도 괜찮다. 사라락 나뭇잎을 흔들고 스르륵 피부에 스치는 바람이 마음을 슬쩍 띄운다. 비가 오기 전 바람의 위로에 우산 없이 학교에 간 딸을 가뿐히 마중 나가리라 생각한다. 자연과 함께 잘 살아가기 위해 날씨를 살피는 삶, 날씨를 잘 알기 위해 자연을 찬찬히 들여다보는 삶에 오늘도 잔잔한 미소가 어린다.

가족을 우선하는 삶

  남편은 격주로 금요일에 휴가를 내고 제주에 온다. 제주에 오지 않고 서울에 머무는 주말, 그에게 전화를 걸었다.
"주말에 혼자서 뭐 할 거야?"
"캠핑하러 가려고."
"어? 누구랑 같이?"
"혼자서."
"장비도 없잖아. 글램핑이야?"
"아니, 후배한테 빌렸어."
  그래도 내 의아함은 쉽게 가시지 않았다. 그는 캠핑에 적합한 사람이 아니었기에.

　우리 가족의 국내 여행은 대부분 리조트를 예약하는 것에서 시작됐다. 어디 갈지를 정하고 숙소를 알아보는 것이 아닌 예약 가능한 리조트를 찾아 그곳으로 떠났다. 평균 이상의 보장된 깔끔함과 편리함을 원하는 남편의 방식이었다. 게다가 그는 잠자리도 예민해 여행길에도 자신의 베개를 챙겨 다닌다. 그런 남자가 캠핑이라니? 갑자기 왜?

　후배가 극찬하니 궁금하고, 캠핑하러 가서 타는 아침 자전거가 기대돼서란다. 그래, 남편의 취미는 자전거 라이딩이다. 하룻밤 불편하고 느끼게 될 특별한 자전거 라이딩의 경험은 끌릴 만했다. 깔끔하고 편리한 것 좋아하고, 잠자리 예민한 자신을 잘 알고 있는 그는 단언했다. 한 번 경험해 보는 것일 뿐이라고.

　한 번은 한 번에서 멈추지 않았다. 첫 캠핑에서 불편해도 괜찮을 만큼 좋다고 하더니 2주 만에 한 번 더 후배의 장비를 빌려 캠핑을 나섰다. 그 사이 제주를 다녀갔으니 첫 캠핑을 하자마자 곧바로 두 번째 캠핑을 나선 것과 다름이 없었다. 두 번째 캠핑 소감은 훨씬 더 구체적이었다. 텐트는 문을 닫고 있어도 자연과 단절이 아닌 연결을 느끼게 해서 자연에 파묻혀 자는 느낌을 준다고 했다. 불편보다 힐링이 훨씬 더 크다고. 밤에 느껴지는 고요한 숲의 기운은 신비롭고, 진한 숲 향기는 도시에 지친 몸과 마음을 씻어준다고 했다.

"이제 캠핑을 취미로 삼아야겠어. 아, 그냥 캠핑 말고 백패킹. 백패킹이 간편해서 혼자 다니기 좋고 더 자연 가까이 머물 수 있거든."

장비를 새로 다 사야 하는 것도 부담스럽고, 힐링은 제주에 와서 해도 되니 말리고 싶었지만 참았다. 가족과 떨어져 혼자 남은 시간을 잘 보내려는 의지가 읽혀서였다. 외로움의 자리를 새로운 취미에 대한 호기심이 채우는 것도 내가 그를 말리지 않게 했다. 취미는 장소를 가리지 않았다. 서울에서만이 아닌 가족과 함께 지내러 온 제주에서도 그는 종종 혼자 캠핑을 떠난다. 자전거 라이딩 역시 서울에서만이 아닌 제주에서도 즐긴다. 물론 혼자서.

"가족 보러 와서 혼자 캠핑하러 갔다고? 네가 허락한 거야?"

목요일 퇴근 후 제주에 온 남편이 금요일 오후부터 토요일 오전까지 혼자 1박 2일의 캠핑을 하러 갔다고 하니 친구가 의아해했다. 당연히 허락했고 캠핑장까지는 내가 직접 데려다줬다. 남편의 취미를 존중해서이기도 하지만 나와 딸이 매일 마음껏 누리는 제주의 아름다움을 그 역시 그가 좋아하는 방식으로 누리기를 바라는 마음이었다. 여기에 토요일 오전에는 교육청에서 주관하는 수업을 듣고, 오후에는 오케스트라 연습에 참여하는 딸의 스케줄을 따라다니지 않아도 된다는 배려이기도 했다. 목요일 퇴근 후 비행기를 타고 제주에 오며 그는 분명 여행자의 마음일 테다. 그런 그에게 제주 생활자들의 일정에 맞춰 여행의 일탈 대신 일상을 살라고 하면 일방적인 희생 강요가 아닐까.

주말 부부이자 주말 가족의 삶에는 함께 살 때보다 더 큰 관심이 필요하다. 눈에서 멀어지면 마음에서 멀어진다는 말이 우리 가족을 피해 가도록 놓치기 쉬운 순간을 예민하게 살펴야 한다. 눈에 보이지 않을 때는 눈에 보이지 않기에 무엇을 하는지 어떻게 지내는지를 물어야 하고, 눈에 보일 때는 어떤 시간을 바라는지 어떤 마음이 더 채워지기를 원하는지를 물어야 한다. 알아채고 짐작하는 것에서 그치면 안 된다. 함께 하는 시간이 적은 만큼 어긋난 마음을 맞추고 되돌릴 시간이 넉넉하지 않으니 분명하게 서로의 생각을 확인해야 한다.

일상의 평안은 가족의 평화에서 출발한다. 여유로운 삶도 마찬가지다. 가장 가까운 가족을 향해 서운함이나 불편함을 쌓아두고는 평안하거나 여유로울 수 없다. 돌부리 삐

죽삐죽 솟은 마음이 무사할 리 없고 넉넉할 리 없기에 미리미리 가족의 마음을 살피게 된다. 여유롭게 살기 위해 오늘의 나를 살피는 일을 중요하게 여기는 만큼 가족의 오늘을 살피는 일도 중요하다.

매일 저녁 어김없이 돌아온 영상 통화 시간. 보통 소파에서 전화를 받는 남편이 바닥에 앉아 있었다.

"아빠, 왜 바닥에 앉아 있어?"

"보여줄 게 있어서."

"뭔데?"

"스노클링 마스크 언박싱!"

딸의 스노클링 마스크를 산 남편이 굳이 핸드폰 화면 앞에서 언박싱했다. '굳이'라고 표현했지만 종종 있는 일이다. 택배 상자를 뜯고 포장을 벗겨내는 단순한 작업만 보여주지 않았다. 불특정 다수의 시청자를 상대하는 것처럼 포장을 벗기는 과정부터 제품 설명까지 재치 있는 멘트를 곁들였다. 딸에게서 박장대소가 터졌다. "'좋아요'는 몇 개 눌러줄 건가요?"라는 그의 마지막 멘트에는 딸은 숨넘어가는 소리로 "만 개!"를 외쳤다.

떨어져 사는 가족은 통화를 하면서 일과만 말하지 않았다. 언박싱뿐만 아니라 먹방을 보여주기도 하고 노래를 부르기도 하고 퀴즈를 내기도 했다. 일과 공유도 중요하지만 소소한 기쁨을 나누는 것도 중요하기에 영상 통화는 다양한 방식으로 활용됐다.

제주에 와서까지 1박 2일 혼자 캠핑을 다녀온 남편이 피곤하다며 잠만 잤다면 일회성 경험으로 끝났겠지만, 그는 그러지 않았다. 금요일과 토요일 혼자 캠핑에 이어 토요일과 일요일은 가족 캠핑을 이끌었다. 캠핑장까지는 내가 차로 데려다줬지만, 돌아올 때는 자전거에 짐을 잔뜩 싣고 돌아왔음에도 그는 에너지가 넘쳤다. 목요일 밤 제주에 막 도착했을 때보다 생기가 돌았다. 취미를 즐기며 스트레스를 해소하고 여유를 채워서이지 않을까.

여행자와 생활자로 따로 지내던 가족이 편백으로 둘러싸인 숲 가운데 모였다. 숲의 밤은 고요했다. 불어오는 바람에 나뭇잎 하나하나 부딪히는 소리가 세세하게 들리고, 상쾌한 공기와 묵직한 향기마저 소리가 되어 귓가를 잔잔하게 덮었다. 자연의 소리를 놓치고 싶지 않아 우리는 소곤거렸지만 대화를 멈추지 않았다. 쓸데없는 농담을 나누며 키득키득 웃었고, 자연이 주는 감동을 누가 더 생생하게 묘사하나 내기했고, 어떻게 하면 주말 가족의 삶을 더 잘 살 수 있을지 미래를 논했다. 잠깐 대화하고 자신의 핸드폰이나 태

블릿 같은 전자기기 앞으로 흩어지지 않았다. 잠이 드는 순간까지 서로의 눈을 바라보며 붙어 있었다. 엄마와 아빠 사이에 누운 열한 살 딸은 침낭 안에 쏙 들어간 몸을 뒹굴뒹굴 굴리며 엄마에게 붙었다 아빠에게 붙었다 했다. "너무 행복해!"를 반복하면서. 떨어져 지내던 시간이 단번에 채워졌다.

요란한 까마귀 소리에 깨어나는 아침은 내 몫이었다. 두 시간 남짓이지만 남편에게 아이를 맡기는 기쁨을 누리며 자유를 만끽했다. 휴양림 오픈 전 사람 없는 숲길을 내 것처럼 누렸다. 아이를 학교 보내두고 혼자 걷는 날이 종종 있으니 특별한 경험은 아님에도 남편에게 아이를 맡겼다는 사실 하나로 혼자만의 시간은 더 귀했다. 게다가 휴양림 숲길의 아름다움이야 말해 뭐하나. 전날 밤 "너무 행복해!"를 반복했던 딸처럼 나는 "너무 좋다!"를 반복했다.

평범한 모습은 아니다. 처음에는 남들의 의아한 반응, 특이하다는 말이 신경 쓰이기도 했다. 한때는 대학 졸업과 동시에 취직하고, 적당한 나이에 결혼하고, 늦지 않게 부모가 되는 남들과 비슷하게 사는 삶을 좇았으니까. 그러면서 사회에 잘 적응하고 있노라 안도했으니 남들과 다르다는 반응이 편히 받아들여지지 않았다. 하지만 남들과 비슷하다는 것은 적응의 지표가 될 수 없다. 나와 우리 가족의 속도에 맞는 삶을 사는 것이 적응의 기준이며 안도의 범주라는 것을 이제는 안다. 돈을 더 많이 버는 성공, 내일 더 잘 사는 성공보다 시간을 많이 버는 성공, 오늘을 더 즐겁게 사는 성공을 바라는 가족이기에 우리는 주말 가족을 하고 홀로 여행객도 된다.

따로 또 같이 행복한 주말 가족의 삶이다. 제주에 사는 나와 딸만 여유롭고 서울에 사는 남편은 계속 바쁘기만 하다면 제대로 된 여유라고 할 수 없다. 가족 각자가 자기 삶에서 여유와 평안을 누릴 수 있도록 서로를 살피고 배려하는 노력을 게을리하지 않고 있다. 가까운 관계니 어련히 알고 있겠거니, 말하지 않아도 알겠거니 하며 노력 없이 이해를 바라서는 안 된다. 가까우니 더 묻고 더 살펴야 한다. 매번 말로만 가족이 우선이라고 했던 삶이 현실이 됐다. 함께 여유롭고 함께 즐겁고 함께 행복하기 위해 내 마음과 동시에 가족의 마음을 살피며 오늘 저녁 우리 가족의 영상 통화 시간을 기다린다.

이웃의 관심이
부담스러웠지만

서울에서는 옆집에 누가 사는 줄은 알았지만, 음식 한번 나눈 적이 없었다. 인사만 나눌 뿐. 우리 집을 살피면서도 허덕이는데 옆집까지 살필 여유는 없었다. 엘리베이터에서 만나는 윗집 이웃이 아이에게 아빠랑 똑같이 생겼다는 말과 함께 어디를 가는지, 무엇을 할 건지를 물어오면 불편했다. 관심이 더 깊어질까 경계했다. 관심에는 관심으로 반응해야 하는데 관심이 더 깊어지면 돌려줄 마음이 없었다. 엘리베이터에서 어색함을 모면하기 위한 관심 정도만을 바랐다. "아빠랑 똑같이 생겼네."라는 말에서 끝나는 관심이면 충분했다.

제주로 오면서 아무리 시골이라고 해도 이웃과의 관계는 서울과 다르지 않으리라 짐작했다. 바로 옆집에 누가 사는지도 모르는 현대 사회의 보편적 특징이 제주 시골에서도 그대로 나타나리라 여겼다.

① 석쇠불고기

열린 대문을 밀고 마당으로 들어섰다. 현관에서 벨을 눌러도 기척이 없길래 냄새가 나는 곳을 향해 움직였다. 마당으로 난 주방 문 앞을 기웃거리는데 스르륵 문이 열리고 팔이 쑥 뻗어 나왔다. 은박지 덮인 뜨끈함이 손에 올려졌다. 석쇠불고기였다.

날도 좋고 바람도 적당해 뒷마당에서 불을 피워 석쇠에 구운 불고기가 아이 먹기 좋겠다며 가지고 가라는 이웃집 큰 언니의 호출이었다. 큰 언니라고 부르지만 사실 우리 엄마와 연배가 비슷하신 분이다.

큰 언니의 호출은 처음이 아니었다. 언제는 육지에서 미나리가 잔뜩 왔노라며 밥하고 계란 프라이만 해놓으라 하시고는 미나리 비빔밥 재료를 비빔장까지 챙겨 가져다주셨다. 또 어떤 날에는 감자탕을 한 솥 끓이셨다며 냄비를 가져와 덜어가라고 하셨다. 몇몇 집이 모여 티타임을 가질 때는 사과파이와 피칸 파이를 구워오시고, 귀한 원두를 가져와 직접 커피를 내려주실 때는 예쁜 잔에 마셔야 한다며 커피잔까지 보자기에 싸서 손수 챙겨오셨다.

딸 또래의 젊은 사람들이 열심히 사는 모습이 예뻐서 뭐라도 더 주고만 싶다는 큰 언니는 생색내지도 않는다. 하다 보니 많이 했다, 별로 어렵지 않다, 심심해서 했다며 음식을 내미신다. 티타임을 할 때도 젊은 사람들한테 배워야 한다며 말을 아끼셔서 외려 졸라서 이야기를 들을 때도 많다. 엄마뻘 어른과 동네 이웃으로 편히 지낼 수 있으리라고는 생각하지도 못했는데, 그런 일이 가능한 동네에 내가 살고 있다.

② 스콘

밤이 깊어져 가는 시각 초인종이 울렸다. 모녀 단둘이 사는 집에 미리 방문 의사를 알리지 않고 찾아오는 사람은 거의 없기에 긴장이 됐다. 모니터로 보이는 건 더벅머리뿐. 정체를 알 수 없어 고개를 갸웃거리는데 딸은 한눈에 누구인지 알아챘다. 이웃집 아이였다.

"제가 만든 스콘이에요."

제빵이 취미인 아이가 스콘 두 개를 가지고 왔다. 늦은 밤이지만 딸과 나는 홀린 듯 스콘 하나씩을 집었다. 스콘을 건네던 아이는 입꼬리가 올라갈 듯 말 듯 수줍게 웃었는데 스콘을 먹는 딸과 나는 한껏 입꼬리를 올리며 활짝 웃었다. 딸과 서로 교환한 맛 평가를 우리끼리만 알고 있을 수는 없어 메시지를 보냈다.

ㅇㅇㅇ

바삭 소리와 함께 입에서 부서지면 부드러움이 밀려드는데 적당한 달달함이 포근해 몇 개를 먹는다고 해도 또 먹고 싶어질 스콘이었습니다.

올라갈 듯 말 듯 했던 이웃집 아이의 입꼬리가 분명 우리처럼 한껏 올라갔으리라 짐작되는 답장이 도착했다.

ㅇㅇㅇ

뿌듯함을 하나 더 느끼고 잠들고 싶은 날이었는데 소감 덕분에 바람이 이루어졌어요.

이웃집 아이는 혼자서만 제빵을 즐기지 않았다. 한 살 누나인 딸이 빵 만들기를 해보고 싶었다는 말을 기억해 초대했다. 요즘 인기 많은 소금빵을 같이 만들어 먹자고.

딸은 네 개의 빵을 가지고 돌아왔다. 네 개의 빵은 크기도 모양도 조금씩 달랐지만 아무리 봐도 초보가 만든 것으로 보이지 않았다. 물론 맛 역시 소금빵의 고유함을 잃지 않으면서도 시판 빵보다 더 순해서 편안했다. 세 시간에 걸쳐 5차 발효까지 시켜 만들었다는데, 자신이 즐겨 먹던 빵을 고난도의 작업 과정을 거쳐 완성한 딸의 뿌듯함은 빵의 완성도나 맛보다 훨씬 더 값졌다.

평일 저녁 이웃집 동생과 학원도 체험 클래스도 아닌 집에서 베이킹을 함께 했다. 쉽게 집에 초대하고 초대받아 좋아하는 것을 함께 하는 이웃집 문턱이 낮은 동네에 내가 살고 있다.

③ 찹쌀밥

2년 동안 친하게 지낸 이웃이 다시 육지로 돌아가는 이별을 앞두고 몇몇이 모여 송별 티타임을 갖기로 했다. 하지만 모임 장소인 집을 제공한 사람은 약속과 달리 차 대신 점심을 준비했고, 무려 열한 명의 점심이 교자상 두 개 위에 차려졌다.

수육, 굴, 무생채, 김치, 시래깃국, 부침개, 잡채 그리고 찹쌀밥이었다. 송별의 주인공에게 제대로 한 끼 먹이고 싶었단다. 별명이 대장금인 요리 잘하는 사람이지만, 열한 명의 집밥은 결코 쉬운 일이 아니다. 게다가 송별회 날이 동지라 찹쌀밥을 했다는데, 찹쌀밥은 처음이어서 인터넷을 찾아봤다고 했다.

맛과 마음이 함께 올려진 상에 착 달라붙은 몸은 쉽게 일으켜지지 않았다. 하지만 애데렐라 엄마에게 하교 시간이 닥쳤다. 아이에게 걸어오라고 하고 싶었지만 무섭게 눈이 내려 그것도 어려운 상황. 마지못해 자리를 떠나려는데 다른 이웃이 나섰다. 마침 집에 남편이 있으니 내 아이까지 함께 데리고 오라고 하겠다고.

이웃에게 무관심한 현대 사회의 보편적 특징이 제주 시골에서는 적용되지 않았다. 이웃집 언니가 집밥을 차려주고, 이웃집 삼촌이 아이를 데리러 간다. 기쁜 일은 함께 축하하고 슬픈 일은 함께 다독인다. 단지 고개 까딱 인사하며 지나가는 것이 아닌 고개 쑥 빼서 들여다보는 이웃들이 있는 동네에 산다.

제주로 오면서 아무리 시골이라고 해도 이렇게 이웃과 가까이 지내게 될 줄은 몰랐다. 낯선 동네에서 잘 적응하고 싶은 마음은 이웃을 향한 경계를 풀었다. 여유로워진 마음은 이웃을 향한 호기심을 키웠다. 시선은 이웃을 향하지만 다가가는 방법을 몰라 주저하는 내게 이웃이 먼저 마음의 문 안으로 들어왔다. 어색함을 모면하기 위한 관심이 아닌 진심으로 내가 여기에 잘 적응하기를 바라는 관심이었다.

이 집에 누가 살고, 저 집에 누가 사는지를 알고, 이 집 차는 무엇이고, 저 집 차는 무엇인지도 안다. 차종뿐만 아니라 차 번호까지. 반대편 차선으로 아는 집 차가 지나가면 비상등을 키거나 열린 창문으로 손을 빼내 인사를 나눈다. 장 보러 갔다가 주차장에서 지인 차를 발견하면 지인을 찾아 반가움을 건넨다. 아이가 운동장에서 놀고 있는데 근처에 나와 내 차가 안 보이면 연락이 온다. 어디냐고, 자신이 아이를 데려다주겠노라고. 반대의 상황에서 나 역시 이웃집 아이를 챙긴다.

집 앞 편의점에 시간대를 달리하여 근무하는 아르바이트 직원분들과 사장님도 모두 나와 아이를 안다. 심지어 편의점 사장님은 근처 식당에서 우연히 만나자 반갑다는 이유로 우리의 밥값을 내주시기도 했다. 아이와 친구들이 컵라면을 먹겠다고 편의점에 가도 걱정하지 않는다. 라면에 뜨거운 물을 받을 때 살펴주실 테니까.

단지 이웃에게 가벼운 관심을 가지는 것을 넘어 짙은 관심을 표현한다. 마음에 여유가 있기에 나만, 내 가정만 들어갈 수 있었던 마음의 자리에 이웃을 품는다. 마음으로 이웃을 대하니 흥미 위주의 관심이 아닌 함께 행복할 수 있는 관심을 보이게 된다. 이웃의 관심이 부담스럽겠다고 말하는 사람은 이런 관심을 받아보지 않아서 그렇다. 물론 관심은 쌍방향이다. 내가 관심을 받는 만큼 나도 이웃의 삶을 들여다봐야 한다. 음식 솜씨는 없으니 직접 음식을 해서 나눌 수는 없지만 줄 서서 사 먹어야 하는 음식을 사서 나누고, 이웃과 올레길이나 오름을 나서면 일정을 계획하고 안내하는 길잡이는 내가 한다. 나만, 내 가정만 신경 쓰면 됐던 서울에서와는 달리 나와 이웃을 함께 신경 쓰는 삶이다. 마음은 분주하지만 다정이 넘친다.

'외지인이니 배척을 당할 거다.', '아는 사람 하나 없는데 외롭겠다.'라는 걱정은 서울 사람들이기에 할 법한 걱정이었다. 서울과는 달리 두꺼운 현관문을 기꺼이 열고 서로를 환대하는 삶은 외로울 틈이 없다. 마음의 여유는 관계의 여유를 불러와 내게 이웃과 더불어 사는 기쁨을 알게 했다. 사람의 온기도 더 많이 느끼게 됐는데, 다양한 사람들의 다양한 온기가 나를 더 풍요롭게 한다. 여유가 생겨 이웃을 품게 됐고 이웃과 함께 행복하니 마음은 더 여유로워진다. 여유에서 시작돼 여유로 돌아오는 따뜻한 선순환을 오늘도 뱅글뱅글 돌고 있다.

다이어리는
자기평가가 아닙니다

 다이어리는 일기를 뜻하지만, 요즘 우리는 스케줄러의 의미를 더해 포괄적으로 쓰고 있다. 일기 본연의 목적에 맞게 그날그날 겪은 일이나 생각을 기록하기도 하지만 해야 할 일을 기록하기도 한다. 그날 있었던 일을 기록할 때는 감정이 앞선다면, 해야 할 일을 기록할 때는 의지가 앞선다. 둘 중 어떤 기록에 포커스를 맞추느냐에 따라 다이어리는 전혀 다른 색을 띤다.

 책상 위에 가방을 내려놓으며 동시에 컴퓨터 전원 버튼을 눌렀다. 의자에 앉으며 가방을 책상 밑으로 내리고 그 부근에 숨겨둔 열쇠를 찾아 서랍을 열었다. 제일 아래 서랍에서 다이어리를 꺼냈다. 컴퓨터가 부팅되는 동안 어제 써둔 다이어리의 To Do 리스트를 확인했다. 이미 OX 표시는 되어 있었고, 나는 10점 만점을 기준으로 어제의 점수를 매겼다. 스스로 하는 채점이어도 점수는 박하기만 했다. 욕심 많은 삶에서 뭐든 잘하기 위해 해야 할 일은 너무 많았고, 넘치는 과제 속에 완수하지 못한 과제들이 많았다. 낮은 성적을 받고 의지 약한 자신을 탓하는 열등생은 인상을 쓰며 오늘의 To Do 리스트를 썼다. 여전히 욕심을 버리지 못해 분 단위로 시간을 쪼개 빽빽하게 리스트를 채웠다. '오늘은 다 해내고 말겠다.'는 과한 의지를 불태웠다. 회사원으로 사는 동안 매일 아침의 내 모습이었다.

제주로 와서 매일 하던 채점을 없앴다. 2년 동안 To Do 리스트를 쓴 날은 열 손가락을 겨우 벗어났다. 열등생이 되고 싶지 않은 회피이기도 했고, 반드시 해야 할 일이 기억 밖을 벗어날 정도로 많지 않아서이기도 했다. 물론 기억에만 의존했기에 버리는 시간도 많았고, 놓치는 일도 있었다. 닥치면 하는 일들이 많았는데 그러다 보니 일상이 흐트러지기도 했다. 그래도 큰 문제는 없었다. 오히려 채점 없이 사는 인생은 마음의 부대낌이 적었다. 우등생이든 열등생이든 평가할 기준이 없으니 홀가분했다.

제주 이주 3년 차, 이번 해에도 어김없이 새로 다이어리를 샀다. 하지만 이번 해에 다이어리를 사는 마음은 이전과는 달랐다. 노력의 결을 바꿔야 할 때가 왔음을 직감한 것. 오늘을 충분히 즐기는 것에서 나아가 오늘을 알차게 채우는 자세가 필요해졌다. 아침에 일어나 다이어리를 폈다. 오늘 일정을 확인하고, 해야 할 일을 적었다. 무리하던 삶으로 회귀는 싫어 시간 계획을 세우지는 않고 해야 할 일을 나열하기만 했다. 의욕이 넘치는 날에도 해야 할 일은 다섯 개를 넘기지 않았다. 내가 나와 하는 암묵적인 약속이었다.

약속은 잘 지켜졌지만 채점은 하게 됐다. 항목마다 O, X를 표시했다. 글 한 편을 완성하기로 했는데 마지막 문단까지 쓰기는 했으나 뭔가 더 다듬어야 할 것 같다면 차마 동그라미를 그리지 못하고 세모를 그렸다. 채점에 박한 내가 다시 튀어나왔다. 글을 쓰고, 책을 읽고, 운동을 하는 것이 다이어리에 기록해야 할 일의 핵심이었는데, 이 일들은 '했다, 안 했다.'라는 판단보다 어느 정도 성취했는지가 중요했다. 채점에 박한 나를 마주하기도 싫었기에 다이어리 쓰는 방식을 바꿨다.

아침에 쓰지 않고 자기 전에 쓰기로 했다. 무엇을 할 것인지를 쓰지 않고 하루를 보내며 무엇을 했는지를 쓰기로 했다. 어떤 글감의 글을 어느 정도 완성했는지, 책을 어느 정도 읽었는지, 운동은 어떤 것을 몇 분 정도 했는지를 썼다. 집밥 메뉴의 다양성에 도전하고자 오늘 무엇을 집밥으로 해 먹었는지를 쓰고, 외벌이 라이프를 촘촘하게 살아 보고자 가계부도 쓰기 시작했다. 물론 무엇을 하며 놀았는지도 썼다. 의지로 압박하는 스케줄러의 다이어리는 아니었다. 그날그날 겪은 일을 기록하는 일기였다.

"뭐예요! 또박또박 민선정 어디 갔어요? 이렇게 날려써도 괜찮아요?"

오랜만에 제주에서 만난 직장 후배가 다이어리를 보더니 눈과 목소리를 키웠다. 줄 맞춰 또박또박 적어 내려가던 예전의 단정함이 사라지고 이리저리 난입한 다양한 크기의 글씨들이 엉킨 무질서함을 본 뒤였다. 3년 남짓 내 옆자리에 앉았던 후배니 놀라는 것도 당연했다.

다이어리가 평가의 장 대신 기록의 장이 되자 떠오르는 글감을 남기기도 하고, 해 보고 싶은 요리를 적기도 하고, 가고 싶은 장소를 쓰기도 했다. 글감도 오늘치 글감이 아닌 떠오르는 것이면 자유롭게 남겼다. 심지어 줌 강의를 들으면 강의 메모도 다이어리에 했다. 일기에서 한발 더 나아가 내 모든 수기가 다이어리 하나에 집약됐다. 물론 To Do 리스트는 빼고. 순간순간 떠오르는 단상을 남기기도 했으니 어찌 정돈된 기록만 남을 수 있었을까. 후배는 칸을 벗어난 글씨들이 지저분하기보다 자유로워 보인다고 했다.

"선배는 찐으로 갓생을 살고 있네요."

나와 반나절을 함께 보낸 후배는 '갓생'이라며 내 제주 삶을 한마디로 정의했다. 느긋하게 산다고 하더니 쓰는 것도 읽는 것도 노는 것도 부지런하게 하고 있다고. 여유 있으면서도 보람되게 하루를 보내며 작가라는 목표를 향해 나아가는 게 딱 요즘 말하는 '갓생'이라고.

빽빽하게 계획하고 꼼꼼하게 점검하는 삶이 바람직하다고 여겼다. 내가 가진 능력의 최대치를 갱신하는 삶이 성장하는 삶이라 생각했다. 누군가에게는 이런 삶이 맞겠지만 내게는 맞지 않았다. 매번 나를 열등생으로 평가했으니까. 우등생, 열등생의 구분 없이 나를 너그럽게 바라보는 삶은 자유로웠다. 해야 할 일을 챙겼지만, 결국 해야 할 일은 하고 싶은 일과 맞닿아 있기에 삶은 즐거웠다. 자유롭고 즐거운 삶은 무절제할 것 같지만 하고 싶은 일이 있으니 부지런함이 따라왔다. 인지하지 못했는데도 내 다이어리에 이런 나의 변화가 드러났다니 신기했다.

이날 다이어리에는 '갓생'을 적었다. 제일 좋아하는 보라색 펜으로 정해진 선을 넘어 큰 글씨로 남겼고, 그 옆에는 나를 캐릭터화해 웃는 얼굴을 그렸다. 여유로워도 부지런한 삶이 '갓생'이란 이름을 가졌다. 뭔가 더 특별해진 기분이라 피식피식 웃음이 샜다. MZ세대 끝자락에 걸쳐 있는 내가 MZ세대 한가운데의 라이프스타일을 추구하고 있다니! 삐져나오는 웃음만큼 '갓생'글씨 옆에 여러 개의 별표를 더 그렸다.

○

내가 가진 능력의 최대치를 갱신하는 삶이 성장하는 삶이라 생각했다. 누군가에게는 이런 삶이 맞겠지만 내게는 맞지 않았다. 매번 나를 열등생으로 평가했으니까. 우등생, 열등생의 구분 없이 나를 너그럽게 바라보는 삶은 자유로웠다.

여유가 두려운 당신에게

Q

우리는 왜
여유로운 삶을 불편해할까?

미루지 않는 마음

    세상에서 제일 빠른 사람, 우사인 볼트가 화면에 등장했다. 신호총이 울리자 웅크렸던 몸을 쫙 펴고 거침없이 팔을 흔들며 성큼성큼 공기를 갈랐다. 단 9초 58의 시간이 지나자 그는 독보적인 차이를 만들며 1등으로 결승점을 통과했다. 이때 등장한 타이틀, '오로지 이기는 것만 생각하다.' 직장인 시절 내가 만든 방송의 인트로였다.

    내 눈에는 세상에서 제일 사랑스러운 사람, 딸이 내 눈앞에 등장했다. 팔랑팔랑 팔을 흔들며 사뿐사뿐 공기 사이를 누볐다. 지금 이 순간의 아름다움을 남기고 싶은 그녀는 사진을 예쁘게 찍어달라는 말을 하며 멈춰 선 자리에서 활짝 웃었다. 하늘이 쨍해 노을을 보러 나온 날이었다.

멈춰 선 아이의 모습만 찍었을까. 그에 앞서 "아름답다!"라고 감탄하며 폴짝폴짝 뛰어다니는 아이의 모습도 영상으로 남겼다. 가볍게 뛰는 아이의 모습을 보며 불현듯 우사인 볼트의 질주를 떠올렸다. '뛴다.'라는 공통분모의 연상작용일까. 갑작스러웠지만 아이 영상에도 타이틀 문구를 만들었다. '오로지 아름다운 것만 생각하다.'

우사인 볼트의 성공 비결을 분석하며 그를 동경했다. 일을 잘하는 사람이 되고 싶고, 일로 성공하고 싶어 우사인 볼트의 속도를 바랐다. 남들 두 걸음을 한걸음에 내디디며 더 앞으로 더 빠르게 나아가고 싶었다. 그 시절을 지나온 내 앞에 한 장의 사진이 놓였다. 붉게 물든 하늘 아래 금빛 반짝이는 바다를 뒤에 두고 모델 포즈를 한 딸의 사진이었다. 딸에게 이 사진을 보여주며 물었다. 무슨 생각이 드냐고.

"내가 가자 그래서 이렇게 멋진 노을을 본 거잖아. 파도 소리도 한참 듣고 좋았는데. 우리 날씨 좋은 날 또 노을을 보러 가자. 그럼 행복해질 거야."

우사인 볼트는 베이징 올림픽을 앞둔 인터뷰에서 "나는 금메달을 따기 위해 베이징에 왔다. 오랫동안 꿈꿔 온 목표이기 때문에 다른 생각은 머릿속에 들어오지 않는다."라고 했다. 처음 이 인터뷰를 봤을 때는 감흥이 컸는데 지금 떠올리니 안타까웠다. 목표가 지배하는 일상에서 금메달을 따기 전까지 그는 어떤 행복을 느꼈는지 묻고 싶었다. 우사인 볼트가 예전만큼 대단해 보이지 않았다. 오히려 오늘 행복해하며 다음에 또 다가올 행복을 기다리는 딸이 더 대단했다.

목표를 향해 1초도 1%의 힘도 낭비하지 않고 돌진하는 삶. 아름다운 순간을 누리기 위해 기꺼이 시간을 내어 그 자리에 머무는 삶. 둘 다 멋진 삶이지만 나는 후자의 삶을 지향한다. 무엇을 이뤄서 행복한 삶보다 일상에서 여유를 누리며 곳곳에서 행복을 발견하는 삶을 바란다. 행복의 크기보다는 빈도를 우선한다. 그렇다고 목표를 향해 질주하는 삶을 부정하지는 않는다. 나 역시 그렇게 살았던 적이 있고 그때 벌어둔 돈이 있어 느긋하게 머무는 삶이 가능해진 것이니까. 어쩌면 전력 질주를 해봤기에 느긋한 삶을 택할 용기를 가진 것인지도 모르겠다.

전력 질주하며 살았던 직장인으로의 삶을 돌이켜보면 파노라마처럼 흘러가는 수많은 장면에서 몇 가지가 부각된다. 그룹 신입사원 입문 교육에서 지도 선배가 되어 신입사원들에게 멘토로 불렸던 때, CEO 명의의 표창을 받았던 때,

언론에도 보도된 대규모 사내 행사에서 사회를 보고 인정받았던 때, 각기 다른 회사에서 나와 비슷한 업무를 하는 사람들이 모인 사외 교육에서 전문가로 강의했던 때가 떠오르지만 '제일'이라는 말을 붙이면 다른 장면이 앞선다.

햇살은 뜨겁지만 바람은 남아있는 초여름의 어느 점심시간. 후배와 나는 돌아오는 길에 샌드위치를 사서 점심으로 먹기로 하고 덕수궁 돌담길로 향했다. 을지로입구역에 사무실이 있어 도로만 건너면 바로 덕수궁이었다. 사람들의 말소리와 차 소리가 섞여 들려야 할 거리에 엇박자의 재즈 음악이 얹혔다. 평소와 다른 음악에 새로 문을 여는 가게가 있나 살폈으나 거리의 악사들이 보였다. 직장인을 위한 점심시간 힐링 콘서트가 돌담길에서 진행되고 있었다. 든든한 밥 대신 덕수궁 돌담길을 걷게 했던 스트레스를 유발하는 부장님의 지시도 잊고 온전히 음악에 빠져들었다. 구두 앞코로 박자를 맞추며 시폰 치마 끝자락을 살랑였다. 후배가 이제는 가야 한다고 말하기 전까지 직장인인 나를 잊고 관객으로만 존재했다.

공연 있던 날의 날씨, 공기, 자유로운 연주자들의 자태, 자유를 희망하는 직장인 관객들의 표정까지 생생하게 기억난다. 나는 서서 듣고 후배는 안전바에 걸터앉아 들었던 것까지. 이날이 지금까지 선명하게 기억에 남은 이유는 무엇일까. 무엇인가를 이루고 해내야만 하는 시간 속에서 목적 없이 존재해도 됐기에 그럴 수도 있고, 소소한 산책에서 기대하지 않았던 이벤트로 특별한 즐거움을 느낀 덕분일 수도 있다. 하지만 가장 큰 이유는 '미루기'에 있었다.

 내게는 처음이었던 이날의 콘서트는 두 달 일정으로 운영되며 중반을 지나고 있었다. 다음 주에 또 가겠노라 달력에 표시해뒀지만 업무 미팅을 겸하는 점심 식사에 밀렸다. 또 그다음 주에도 가려고 했지만 이번에는 점심시간에도 일해야 해서 밀렸다. 결국 이 콘서트는 하루로 끝났다. 너무 좋아서 여기저기 소문냈고 다음 콘서트가 있던 날은 출근길부터 신났으면서도 결국 일에 우선순위를 내주고 말았다. 내 소문을 들은 동기가 이주 연속 콘서트를 즐기는 동안에 말이다.

 점심시간에도 일하는 내게 짜증이 날 때면 덕수궁 돌담길의 콘서트가 떠올랐다. 점심시간에 일한다고 야근을 없앨 수 있는 것도 아닌데 왜 점심시간을 자진 납세하는지. 나는 왜 여유를 미루기만 하는지. 그렇게 좋았던 공짜 콘서트도 못 챙기는 나는 대체 무엇을 우선하는 사람인지. 이렇게 자책하고 한탄하는 과정에서 조금씩 나를 바꿔갔으면 좋았을 텐데. 쉼 없이 던져지는 업무 속에서 자책과 한탄은 스쳐 지나갔고 여유는 매번 우선순위에서 밀렸다.

우사인 볼트의 질주보다 딸의 폴짝폴짝 달리기가 더 마음에 닿은 것은 행복의 소소함에 있다. 날씨가 좋은 날 노을을 보러 나서는 건 대단한 일이 아니다. 일상에서 쉽게 누릴 수 있는 행복이다. 물론 서울에서도 해는 매일 졌다. 완벽하지는 않아도 사무실 창문을 통해서도 불그스름한 하늘은 볼 수 있었다. 하지만 내가 서울에서 노을을 만끽한 기억이 없는 건 노을을 볼 생각을 하지 못한 것도 있지만, 노을 보는 것을 매번 미뤘기 때문이다. 매일 지는 해니 매일 볼 수 있으리라 생각하며 대수롭지 않게 여긴 것. 아무리 소소한 행복이라도 미루면 누릴 수 없는 법이다. 진즉부터 생각 저편에서는 행복은 미루면 안 된다는 것을 알았기에 15년의 직장 생활 중 덕수궁 산책길에서 만난 콘서트가 제일 생생하게 기억 남는 것이 아닐까. 알면서도 실천하지 못한 내가 안타깝고 아쉬워서.

사람은 누구나 행복해지기를 바란다. 더 자주 행복할 수 있다면 마다할 이유가 없다. 그리고 행복의 잦은 빈도는 미루지 않는 마음과 맞닿아 있다. 목표만 향하느라 소소한 행복을 미루지 않는 마음, 노을 지는 풍경과 같이 오늘도 내일도 볼 수 있는 흔한 날을 미루지 않는 마음이 있어야 한다. 물론 미루지 않는 마음에 앞서 소소한 행복을 알아차리는 여유부터 갖춰야 한다. 노을 지는 풍경이나 덕수궁 산책길 콘서트의 행복을 발견하지 못한다면 아무 소용이 없으니까.

 직장인 시절 가까이 있는 덕수궁도 일에 밀려 귀찮음에 밀려 자주 찾지 않았다. 가기만 해도 행복함을 알면서도 그랬다. 이제 곶자왈과 바닷가를 수시로 걷는 삶을 산다. 덕수궁보다 곶자왈과 바다가 더 좋아서가 아니다. 더 자주 행복하기 위해 더 자주 행복한 순간에 머무르는 것이다. 행복을 발견하는 여유를, 행복을 누리는 시간을 미루지 않는다. 해본 사람이 잘한다고 여유도 행복도 누려본 사람이 더 잘 누리기에 오늘의 행복을 더 많이 발견하려 한다.

 벚꽃 피는 시기다. 꽃망울이 열리고 만개하고 떨어지기까지 걸리는 시간 2주 남짓. 매일 아침 아이를 학교에 보내고 동네 벚꽃길 산책을 나선다. 고작 30분 정도지만 이 짧은 시간에 꽃이 피어나는 신비와 아름다움을 만끽한다. 투둑투둑 창밖으로 들리는 빗소리가 내일까지 이어진다는데, 비가 온다고 산책을 미룰 생각은 없다. 오히려 봄비 머금고 활짝 피어날 꽃을 볼 생각에 미소가 먼저 핀다. 미루지 않겠다는 마음이 행복을 미리 가져다줬다.

여행처럼
일상을 살고 싶다면

 7월 초 뜨거운 태양 아래 열 살 아이 세 명이 바닥에 쪼그려 앉은 채 머리를 맞댔다. 키득키득 웃는 소리에 슬며시 나도 끼어드니 흙을 만지작거리며 무언가를 살살 굴렸다. 조금 더 고개를 숙이니 아이들 손가락 끝에 검은 물체가 보였다. 공벌레였다. 흠칫 놀라 몸을 슬쩍 물리는데 아이들은 아랑곳하지 않고 웃느라 바빴다.
 땡볕 아래에서 검게 그을릴 텐데. 흙 만지면 손이 더러워지는데. 저리 쪼그려 앉아 있으면 다리는 안 저리려나. 공벌레가 해충은 아니니 만지는 건 괜찮겠지. 저건 벌레를 괴롭

히는 행동이니 말려야 하는 것 아닐까. 나는 걱정이 꼬리에 꼬리를 무는데 아이들은 "공벌레로 탑 쌓았어.", "공벌레가 미끄럼틀 타." 하며 재밌기만 했다.

아는 게 많아 걱정이 많고 재미는 없는 어른. 아는 건 없지만 호기심이 많고 재미가 있는 아이들. 이때까지만 해도 나는 내가 하는 걱정이 맞고 아이들은 무모하다고 여겼다. 저 놀이를 파투 내면 나의 평화가 깨지니 가만히 지켜보면서도 못마땅한 마음은 사라지지 않았다.

세 명의 아이 중 한 아이가 나를 불러 공벌레를 내밀었다. 한번 만져보라고. 벌레를 무서워하는 내가 고개를 절레절레 흔들자 손 위에 한 번만 올려보라고 권했다. 열 살의 재촉에 마흔 살이 용기를 냈다. 동그랗게 말린 몸을 손바닥에 가만히 올려두자 공벌레는 슬며시 몸을 펴며 다리를 드러냈다. 꿈틀거리는 모양이 징그러워 손바닥을 꿈질거리니 공벌레는 다시 몸을 말았다. 아이가 내 손을 잡고 기울이자 공벌레는 공처럼 데구루루 굴러갔다. 피식 웃음이 샜다. 공벌레는 진짜 공 같구나.

분명 목덜미가 뜨겁고 땀은 흐르고 쪼그린 다리는 저리고 두 걸음만 움직이면 그늘인데 나는 아이들 옆에서 몸을 일으키지 못했다. 공벌레가 몸을 말고 펼치고 아이들 손에서 이리저리 움직이는 모습을 보며 걱정과 못마땅함을 지우고 웃음을 더했다. 옆에서 괜히 나도 공벌레를 톡톡 건드려 봤다. 아이들처럼 키득키득 웃으며.

재미와 행복은 맞닿아 있다. 행복하게 살고 싶은 우리는 어떨 때 재미가 있을까. 벌레가 무섭고 걱정할 요소가 많다고 팔짱 낀 채 아이들과 계속 거리를 두고 앉아 있었다면 나는 공벌레와 함께 노는 재미를 알지 못했을 것이다. 평소와 달리 용기를 내 벌레에게 손을 내주었기에 재미가 찾아왔다. 하던 대로 하지 않았더니 글로만 알았던 공벌레의 움직임을 직접 확인하며 재미를 느꼈다.

'하던 대로 하지 않았더니'에 재미를 느끼는 순간에 대한 답이 있다. 하던 대로 하지 않았다는 것은 예측 불가능한 상황에 놓였다는 것을 의미한다. 무슨 일이 일어날지 알 수 없어 긴장했는데 긴장이 풀어지며 재미를 느끼게 된다. 하던 대로 하지 않았다는 것은 용기를 냈다는 의미이기도 하다. 자발적으로 용기를 낸 자신에게 후해진 마음은 작은 자극에도 크게 반응하게 한다. 사소하다고 무시했을 재미도 놓치지 않게 된다.

누군가 내게 가장 재밌는 일이 뭐냐고 물으면 나는 망설이지 않고 여행이라고 답할 거다. 물론, 이건 나만의 생각은 아닐 터. 여행이 재밌는 이유도 예측할 수 없기 때문이다. 아무리 꼼꼼하게 계획을 세웠더라도 낯선 환경에서는 변수가 있기 마련이니까.

   크리스마스를 며칠 앞두고 파리 여행이 끝났다. 크리스마스 휴가로 많은 이동량이 예상돼 호텔에서 권한 시간 보다 일찍 공항으로 가는 버스에 올랐다. 들뜬 분위기로 출발한 버스는 공항까지 30분을 남겨두고 움직임을 멈췄다. 신호대기로 생각하기는 너무도 오랜 멈춤이었다. 사이렌 소리가 요란하게 들려오자 사태 파악이 가능했다. 교통사고였다. 버스 안이 한숨으로 가득 찼다. 가까스로 버스에서 내렸을 때 나와 남편은 미친 듯 달려야 했다. 2주 치의 짐을 들고 끌며. 숨이 턱까지 차올라 말은 꺼내지도 못하고 손에 쥐고 있던 여권과 비행기표를 내밀었을 때, 비행사 직원은 안타까운 표정으로 천천히 고개를 저었다. 그는 5분 전에 탑승수속이 마감됐음을 알리며, 어제 폭설로 결항 됐던 터라 대기 승객이 많아 이미 우리 자리는 다른 사람이 차지했노라고 우리의 미련을 단번에 끊었다. 눈물이 핑 돌았지만 넋 놓고 있을 수만은 없었다. 바닥에 주저앉아 마음을 추스른 뒤 가장 빠른 다음 항공편을 알아봤다. 내일도 아닌 모레 출발이었다.

여행 책자를 보고 숙소 이곳저곳에 전화했지만 예약이 꽉 찼다는 답변만 받았다. 크리스마스를 앞둔 파리니 그럴 만했다. 혹시나 하는 마음에 방금 체크아웃하고 나온 숙소에 전화했다. 최고급 방이 딱 하나 남았다며 우리가 전에 냈던 비용만 내라고 했다. 체크아웃했던 그 직원이 그대로 웃으며 우리를 맞았다. 비행기를 놓친 것이 행운이 될 거라는 직원의 말에 풀 죽었던 얼굴이 미소를 되찾았다. 교통사고라는 변수가 끼어들어 비행기를 놓친 고생은 '그럴 수도 있지.'라고 마음먹으니 재미가 됐다. 예측 불가능한 상황을 즐길 수 있었다.

행복한 삶을 바라고 재미있게 살고자 하면서도 우리는 일상에서 예측 불가능한 상황을 만들려 하지 않는다. 하던 대로 하며 산다. 다람쥐 쳇바퀴라고 일상을 칭하면서도 그 쳇바퀴에서 벗어날 생각을 하지 않는 것처럼. 쳇바퀴 문을 열고 내리라고 해도 밖을 나섰을 때 무슨 일이 생길지 몰라서, 나섰다 더 나쁜 일이 생길까 걱정하느라 열린 문을 보면서도 뛰는 발을 멈추지 못한다. 그러다 예측 불가능한 상황을 맞닥뜨리면 여행에서처럼 즐기려 하지 않고 경계하며 스트레스를 받는다. 왜 여행에서는 '그럴 수도 있지.'라며 여유를 부리면서 일상에서는 '그래서는 안 된다.'라고 예민하게 반응하는 것일까. 여행은 이벤트고 일상은 항상성을 가져야 하니 그럴까? 아니면 여행은 재미가 목표고 일상은 성공이 목표라서 그러는 것일까. 그렇다면 재미와 행복에 더 가까이 가기 위해 일상을 여행처럼 살면 안 될까!

나 역시 여행과 일상을 완전히 분리해 살았다. 여행에서는 조금 틀어져도 조금 늦어도 조금 헤매도 다 괜찮다고 했으면서 일상에서는 계획대로 되어야만 했고, '빨리빨리'를 되뇌며 시간을 쪼개고 또 쪼개서 살았다. 틀어지고, 늦고, 헤매는 것은 일상에서는 일어나면 안 되는 일이었다. 여행에서는 즐기고자 하는 마음이 우선했고, 일상에서는 잘하고자 하는 마음이 우선했기 때문이다. 하지만 즐기고자 하는 마음보다 잘하고자 하는 마음은 늘 불안을 동반해 조급하게 만들었다. 잘하고자 하는 마음은 늘 내가 하는 노력보다 높은 곳에 있었기에 도무지 따라잡을 수 없어 매번 부족함을 느껴야 하는 일상은 재밌지 않았다.

여행처럼 일상을 재밌게 살고 싶은 나는 쳇바퀴에서 내려왔다. 쳇바퀴에서 내리니 내일을 향해 뛰지 않고 오늘을 위해 설 수 있었다. 무언가를 더 많이 갖고 싶고 더 높은 곳에 서고 싶은 마음은 옅어지고 오늘을 즐기고 싶은 마음이 선명해졌다. 작은 공벌레를 찬찬히 바라보며 작은 움직임에 재미를 느끼는 삶이 소중해진 것. 오늘에 서서 오늘을 더 자세히 그리고 깊이 바라보고 싶은 마음은 하던 대로 하지 않는 것을 가능하게 한다. 하던 대로 하면 어제와 같은 오늘이라 달리 살펴볼 마음이 생기지 않아 재미가 없으니까.

매일 저녁 7시면 나는 딸과 식탁에 마주 앉아 저녁을 먹는다. 하지만 날씨가 맑다면, 집 마당에서 멀리 보이는 바다 위로 구름 띠가 없다면 하던 대로 하던 일상이 달라진다. 노을을 보기 위해 항구로 내려간다. 맑은 하늘의 아름다움을 더 깊이 느끼고자 일상을 변주한다. 물론 구름의 움직임은 예상할 수 없어서 분명 집에서 볼 때는 하늘이 깨끗했는데 항구에 도착하니 구름이 바다 위로 몰려와 동그랗게 바다로 사라지는 해를 보지 못할 때가 더 많다. 그렇다고 아쉽지는 않다. 다른 맑은 날 또다시 보러 오면 되니까.

쳇바퀴에서 내리니 오늘은 더 풍성해지고 재미와 행복은 더 자주 더 크게 느낀다. 같은 일상에서 다름을 발견하고 다르게 행동하는 여유가 있기 때문이다. 많거나 높은 것을 욕심내지 않아서인지 불안도 옅어졌다. 조금 틀어져도 조금 늦어도 조금 헤매도 괜찮은 일상을 산다.

돈이 있어야
여유가 있다고 한다면

 제주에서 인연을 맺은 사람들은 내가 어느 회사에서 어떤 일을 했노라는 이야기를 들으면 좋은 회사에서 좋은 일을 했는데 퇴사해서 아쉽지 않냐고 물었다. 그러면 나는 해외여행 마음껏 가고 싶다는 생각이 들 때만 아쉽다고 답한다. 아무래도 경제적으로는 전보다 빡빡해졌으니까. 그리고 이 답은 진심이다. 나는 정말 퇴사가 아쉽지 않다.

 퇴사하겠노라 회사 동료들에게 알렸을 때 대부분은 내게 갑자기 왜 퇴사하느냐고 물었지만, 최측근들은 왜 지금 퇴사하는지를 물었다. 퇴사가 내 오랜 고민임을 알고 있었기에 마침내 결정한 시기가 왜 지금인지를 물었던 것. 물론 직장인이면 누구나 사직서를 품에 넣고 다니며 언제 퇴사할지 저울질하겠지만 나는 평소에도 좀 더 또렷하게 퇴사를 언급했다.

세계 일주가 하고 싶어 퇴사를 말했고, 좋은 엄마가 되고 싶어 퇴사를 말했다. 종일 글만 쓰고 싶어 퇴사를 말하기도 했고, 대학원에 다니다 보니 박사 공부가 하고 싶어 퇴사를 말했다. 내 하루가 모두 회사에 저당 잡혀 회사원인 나만 존재하는 것 같아 퇴사를 말한 적도 있었다. 진정한 나로 살고 싶다며. 퇴사를 입 밖으로 꺼낼 때마다 내가 했던 고민은 '나는 어떤 삶을 살고 싶지?'에서 출발했다.

화두는 선명했지만 고민은 깊지 못했다. 단편적으로 떠오르는 생각만 남겼다. 깊게 고민할 시간이 없었다. 아니, 정확히 말하면 깊게 고민할 용기가 없었다. 고민 끝에 지금까지 내가 살아온 삶을 부정하게 될까 봐. 고민하는 과정에서 애써 버티고 있는 일상을 흔들게 될까 봐. 그냥 지금 이대로 열심히 살면 언젠가는 좋은 날이 올 거라는 낙관으로 고민을 후다닥 덮어버렸다.

안개처럼 뿌옇게 남겨둔 고민이 또렷해진 것은 육아휴직 때였다. 시간이 많으니 자연스레 고민이 깊어졌다. 머릿속으로만 하는 고민은 삼천포로 빠지기 일쑤라 글을 쓰기 시작했다. 지금까지 나는 어떤 삶을 살아왔고 어떤 모습은 좋았고 어떤 모습은 싫었는지, 더 성장하고 싶은 모습은 무엇이고 없애고 싶은 모습은 무엇인지, 내 아이에게 어떤 모습으로 보이고 싶은지. 글이 쌓여갈수록 얕았던 생각은 깊어지고 어수선하던 생각은 정돈됐다.

늘 일을 잘하고 싶었던 나는 부장이 되고 임원이 되어 회사에서 성공을 바라고 있다고 생각했는데 아니었다. 하나하나 껍질을 벗기고 보니 나는 내일의 행복을 위해 오늘을 참는 것이 아니라, 오늘도 행복하고 내일도 행복한 사람이 되고 싶었다. 내일을 위해 오늘을 참으며 버거웠고, 나의 오늘이 회사 것인 채 시간 주도성을 가질 수 없으니 답답했다. 늘 더 잘하고자 애쓰며 지금의 나를 불안해했는데 이건 다 벗겨놓고 보니 바라는 대로 살지 못하는 헛헛함에서 오는 애씀이고 불안이었다.

내가 바라는 삶이 선명해지며 처음 느낀 감정은 후회였다. 퇴사를 입 밖으로 꺼낼 때마다 후다닥 덮지 말고 조금이라도 더 고민했었다면 좋았겠노라고. 육아휴직을 마무리할 즈음에 내가 내린 고민의 답은 퇴사였기에 더 후회했는지도 모른다. 회사에 에너지를 덜 뺏겼을 때, 조금이나마 회사에 덜 시달렸을 때 제대로 고민했다면 회사에 다니면서 시간 주도성을 확보하는 방법을 찾거나 회사원으로서도 내일보다 오늘을 행복하게 사는 방법을 발견했을지도 모를 일이니까.

우리는 바쁘다는 이유로 고민을 없앤다. 아예 고민하지 않는다는 뜻이 아니라 감당 가능한 고민만, 일상을 흩트리지 않는 고민만 하려 한다. 지금 내 삶에 불만이 있고 불편해도 누구나 그런다며 넘겨버리고 불만과 불편 없는 삶은 이상이라며 외면한다. 내 마음을 내가 깊이 들여다보지 않으니 삶은 점점 더 내가 바라지 않은 곳으로 흘러가고 만다.

내 삶이 빡빡하다면 답답하다면 그래서 여유가 필요하다면 질문해야 한다. 무엇 때문에 빡빡한지, 무엇이 나를 답답하게 하는지. 내가 바라는 삶의 모습이 어떻길래 지금 나는 빡빡하고 답답한지. 그래서 내게 필요한 여유는 어떤 모습인지. 질문에 깊이를 더해가며 충분히 고민해야 한다. 여유롭게 살고 싶다면 먼저 자신에게 생각하고 고민할 여유를 허락해야 하는 것이다.

갑자기 왜 퇴사하느냐고 물었을 때 아이 때문이라고도 답했고 전업 작가가 되고 싶어서라고도 했고 제주에 살고 싶어서라고도 했다. 그리고 오늘을 여유롭고 행복하게 살고 싶다고 답한 적도 있었다. 어떤 이유를 말하든 상대는 반박했다. 아이가 이유일 때는 아이가 엄마를 필요로 하는 건 잠깐이라고 했고, 책은 회사 다니면서도 얼마든지 쓸 수 있다고 했고, 제주는 지금처럼 자주 여행으로만 가도 충분하다고 했다. 마음을 돌리기는 부족했지만 충분히 수긍 가능한 답변이었는데, 마지막 이유에 대한 반박은 수긍할 수 없었다.

"돈이 있어야 여유로운 거야. 그리고 너처럼 바쁘게 살던 애가 여유 있으면 심심할걸."

내가 바라는 건 돈이 주는 여유가 아니라 시간과 마음이 주는 여유이고, 내가 생각하는 여유는 나태나 게으름이 아니고 시간을 억지로 쪼개 쓰지 않은 채 흘러가는 대로 두면서 주도적으로 잘 활용한다는 의미이기에 심심과는 거리가 멀다. 오히려 내 취향을 발견해 나를 생기있게 만드느라 심심보다는 바쁨에 더 가까운 여유이다.

돈의 필요성을 부정하지는 않는다. 나 역시 퇴직금과 모아 둔 돈이 있어 제주살이를 할 수 있으니까. 하지만 돈이 시간과 마음을 잡아먹어서는 안 된다. 돈 버느라 소소함을 누릴 시간이 없다면, 돈 버느라 좋은 사람들과 시간을 보낼 마음이 없다면 지금의 나를 살펴볼 필요가 있다. 결국 행복하지 않은 방향으로 내 삶이 흘러가고 있음을 뜻하기에. 모두에게 나와 같이 '퇴사'해서 여유를 누리라고 권하지는 않는다. 어떤 삶이 내가 진정 바라는 삶인지, 나는 어떤 가치를 선택하며 살고 싶은지에 대한 기준이 명확하면 된다. 내 기준에 확신이 생기면 내가 바라는 여유와 행복을 찾을 수 있을 테니까.

내일만 향하던 시절에는 여유가 두려웠다. 게으름이고 뒤처짐이라고 생각했다. 시간 관리의 달인이 되어 효율적으로 살고 싶었다. 출퇴근 버스 안에서조차 가만있지 못했다. 무언가 생산적인 일을 해야만 마음이 편했다. 그랬던 내가 지금은 정반대의 삶을 산다. 종종걸음으로 빠르게 목적지를 향하는 대신 여기저기 살피느라 곧잘 멈춰 서는 산책을 즐기고, 아무 생각도 하지 않은 채 멍하니 창밖을 바라보는 일도 잦다. 전과 다른 삶을 선택하고도 내가 만족하며 사는 이유는 퇴사해서가 아니다. 내게 충분히 고민할 여유를 허락해서다. 내 안의 불안과 걱정을 깊게 마주하며 답을 찾는 시간을 충분히 가졌기에 나는 달라질 수 있었고, 내가 바라는 여유를 충분히 누리며 오늘을 살고 있다.

물 한 모금 비우는 삶

"프로젝트 끝나서 이제 좀 한숨 돌려."

친구에게 근황을 물었더니 들려온 답이었다. 숨을 쉬어야 사는 사람인데 한 번의 숨을 쉴 여유가 '이제'야 생기다니. 생각해 보면 '한숨 돌린다.'라는 말은 나 역시 꽤 자주 썼다.

"점심도 제대로 못 먹고 일하다 이제 좀 한숨 돌렸네."

"오늘 나간 방송 때문에 만날 야근했잖아. 방송 나가서 이제야 한숨 돌린다."

숨이 턱까지 차게 바빴다가 가까스로 잠깐의 여유가 생

길 때 했던 말. 내게도 익숙한 이 말을 최근에는 써본 기억이 나지 않았다.

독박육아를 하며 매일 글을 쓴다. 글을 더 잘 쓰고 싶어 책을 읽고 글 모임과 독서 모임을 하며 공부를 한다. 살고 싶은 제주를 누리기 위해 올레길을 걷고 곶자왈이나 바다에 가고 오름을 오른다. 좋은 부모를 넘어 좋은 어른이 되고자 작년에는 아이 학교 학부모 독서동아리 회장을 맡았고 올해는 성당에서 주일학교 교감을 맡고 있다. 하는 일을 놓고 보면 여전히 바쁘게 사는데 어떻게 지금 내게는 한숨 돌릴만한 상황이 없어진 것일까.

욕심을 관리한다. 글을 더 많이 흡족하게 써서 빨리 원고를 마무리하고 싶고 책도 더 많이 읽어 통찰력을 키우고 싶다. 오름 지도를 샀으니 모든 오름에 방문 일자를 적어두고 싶고 주일학교에서 더 다채로운 프로그램을 운영하고 싶다. 하지만 이 욕심은 '건강하게'를 벗어나지 않는다. 뭐든 지나치면 스스로 제동을 건다. 전에는 숨이 차건 말건 러닝머신의 속도를 더 올릴 궁리만 했다면 지금은 정상 심박수를 유지하며 걷는 상태를 유지하려 한다. 숨이 턱턱 막힐 정도로 빡빡하게 살았던 삶이 나를 얼마나 각박하게 만들었는지를 알기에 심박수가 평균보다 높아지지 않고 건강한 상태를 유지하도록 삶의 속도를 관리한다.

아이가 학교에 있는 시간은 내가 하고 싶은 일을 마음껏 할 수 있는 귀한 시간이다. 이 귀한 시간에 낮잠을 택했다. 창문 살짝 열어 살랑이는 바람이 침실을 들락날락할 정도로 허락하고 침대에 누웠다. 알람을 맞추지도 않았고 원래 해야 했던 일을 떠올리며 시간을 아까워하지도 않았다. 마음 편히 푹 잠을 잤다. 글 모임과 독서 모임이 겹쳐 사흘 동안 잠을 줄여서 과제를 하고 모임에 참여한 뒤였다. 평소보다 부족한 것은 맞지만 야근 많던 이전과 비교하면 적당히 잤음에도 잠을 더 잘 결심을 했다. 허리가 뻐근하고 머리가 무겁고 목이 뻣뻣해서였다. 피곤이 불쾌할 정도가 되기 직전 잠을 택했다.

글에 몰입이 아무리 잘 되고 쓰고 싶은 소재가 나를 붙들어도 육아 시간이 되면 노트북을 닫는다. 노트북을 펼쳐둔 채로 글을 쓰면서 아이를 챙길 수도 있지만 그럼 아이에게 짜증을 내게 된다. 아이에게로 가야 할 시간을 내가 뺏어 놓고도 아이가 내 글 쓰는 시간을 뺏었다는 억지를 쓰면서. 둘 다 동시에 잘할 수는 없어서 하나를 과감하게 닫아버린다.

욕심만 관리하는 것은 아니다. 몸과 마음이 보내는 위험 신호도 놓치지 않고 관리한다. 몸은 상태 변화가 비교적 선명하게 드러나기에 위험신호를 알아채기가 쉽다. 관리 방법 역시 잠을 자거나 잘 먹거나 가벼운 운동 등을 하면 된다. 하지만 마음은 그렇지 않아서 더 유심히 살펴야 한다. 불편함이나 불쾌함을 지나치지 않도록. 내게는 더 견딜 수 있는 마음이 있다고 나를 과대평가해서는 안 된다. 위험신호가 감지되면 더 위험해지게 내버려 두는 대신 위험을 줄일 행동을 적극적으로 해야 한다.

SNS에 새로운 대화창이 생성됐다.

ooo

오랜만! 잘 지내지? 제주에 왔더니 생각나서 연락했어.
오랜만이다. 너도 잘 지내지?
비가 너무 많이 오네. 골프 치러 왔는데 칠 수가 없다. 시간 괜찮으면 내일 만나자! 어때?

퇴사한 회사의 동기로 종종 같이 점심을 먹던 사이였다. 친하다면 친하다고 할 수 있는. 생각나서 연락했다는 말에는 반가웠는데, 딱 거기까지였다. 굳이 시간을 내어 내 일상을 공유할 만큼 마음이 움직이지 않았다. 회사 다닐 때 친한 동기라고 해서 회사 밖에서까지 친한 친구로 지내야 하는 것은 아니니까. 게다가 골프 대신이라니! 불편하고 불쾌한 마음을 외면하지 않고 선약이 있다는 말로 만남을 피했다.

제주에 살아도 일상을 사는 것은 육지와 다름없다. 나는 여행객이 아니고 주민이니까. 하지만 여행 오는 몇몇 지인들은 착각한다. 나도 여행객과 다름없다고. 갑자기 연락해 관광지와 식당을 추천해달라는 것은 이해하지만, 가성비 좋은 숙소까지 물으면 난감하다. 제주에 집이 있는 내가 숙소에서 잘 일은 거의 없으니까. 예정 없는 만남 요청도 잦은데, 특별히 시간 내서 온 여행이니 퇴사해서 여유로운 내가 당연히 맞춰야 한다는 듯 말하면 이 역시 당황스럽다. 초반에는 오랜만이라 거절하지 못하고 만남에 응했지만 이제는 마음이 불편하고 불쾌하다고 보내는 위험신호에 적극적으로 대처한다. 무리해서 견디려 하지 않고 거절한다.

여유는 나를 붙드는 직장이 사라졌다고 해서 바로 생기지는 않았다. 시간이 여유로워진 것은 맞으나 이 여유가 물리적인 여유가 아니라 진정 내 마음의 여유가 되기 위해서는 여유를 누릴 수 있는 상태를 만들어줘야 했다. 나의 평온과 나만의 속도를 유지하기 위해 욕심과 위험신호를 관리하는 노력이 필요한 것이다.

자주 물컵을 든 나를 떠올린다. 가득 찬 물컵을 넘칠지 몰라 불안해하며 조심조심 들고 가느냐, 한 모금 마신 뒤 여유롭게 들고 가느냐. 욕심이 자꾸 넘치려 들면 한 모금을 마셔 줄이고 팔을 툭 칠 것 같은 사람이 옆에 서면 컵이 흔들리지 않도록 적당한 거리를 둔다. 내 컵에 담긴 내가 바라는 삶이 불안 대신 여유롭게 이곳저곳을 자유로이 다닐 수 있기를 바란다. 그렇다고 마냥 잔잔하기만 한 것은 싫다. 윤슬 퍼지는 반짝임을 바란다. 잔잔해서 평온하지만 하고 싶은 일로 채워져 반짝이는 생동감이 있는 삶이면 좋겠다. 비싼 컵이 아니어도 화려한 컵이 아니어도 커다란 컵이 아니어도 괜찮다. 투박해도 되고 소박해도 된다. 내가 목을 충분히 축이고도 맛을 음미할 몇 모금 정도 더 담길 수 있는 컵이면 좋겠다. 이제 더는 무리하는 삶은 없다. 여유롭고 소소한 삶이 내 곁에 있다.

초판 2쇄 발행 2024년 1월 31일

지은이 민선정
펴낸이 김영근
책임 편집 김혜인
마케팅 김혜인 김영근
일러스트 조성윤
디자인 강초원
펴낸곳 마음 연결
주소 경기도 수원시 팔달구 인계로 120 스마트타워 1318
이메일 nousandmind@gmail.com
출판사 등록번호 251002021000003
ISBN 979-11-93471-00-5
값 18000원

이 책은 저작권법에 의해 국내에서 보호받는 저작물입니다.
저작권자의 승인 없이 본문의 내용을 무단으로 복제하거나
다른 매체에 기록할 수 없습니다.

값 18,000원
ISBN 979-11-93471-00-5